Machiko Shiina
Cuisine Française

ちょっと正しく頑張ればこんなにおいしいフランスの家庭料理
——ドゥニさんと築いた真の味わい——

嘘と迷信のないフランス料理教室

# Préface

C'est avec un grand plaisir que je préface l'ouvrage de Madame Machiko SHIINA.

Je la connais depuis de nombreuses années et, au cours de mes démonstrations de cuisine et pâtisserie française au Japon, j'ai pu découvrir et apprécier son intérêt pour l'art culinaire, son esprit de rigueur et de recherche dans les goûts et le choix des produits, son sens du partage qui est à la base de la philosophie profonde du cuisinier.

En outre, mes séjours au Japon m'ont permis de remarquer ses talents réels de pédagogue, son sens très vif de l'organisation et son courage, sa détermination, sa ténacité dans tout ce qu'elle entreprend.

J'ai eu l'occasion de la recevoir à plusieurs reprises à Paris, lors de ses voyages en France, et de l'accueillir à notre Pâtisserie MILLET pour des stages d'approfondissement en art culinaire français.

Ensemble, dans divers quartiers de Paris et à Rungis, nous avons été sur les marchés à la découverte de produits de saison, recherche qui éveille toujours l'esprit du cuisinier à la confection du plat ou des quelques plats correspondant très exactement à la saison.

Ces promenades dans Paris m'ont aussi permis de lui faire découvrir diverses tables relevant de la fameuse et si typique « cuisine bistrot » qui lui tient, je le sais, très à cœur.

Je connais son attachement tout particulier, en ce qui concerne les traditions culinaires françaises, à la cuisine familiale et aux plats régionaux. Je trouve son intérêt pour ce type de cuisine pleinement justifié car il s'agit en fait d'une cuisine de goût, raffinée mais sans sophistication, d'une cuisine qui met le produit en valeur, d'une cuisine qui est proche de la nature et du jardin, d'une cuisine des origines, d'une cuisine de nos mères.

Le choix de recettes qui vous est présenté dans l'ouvrage de Madame Machiko SHIINA est un reflet fidèle du plus fort de la tradition culinaire de France, et il l'illustre dans diverses catégories de plats afin de permettre au lecteur de composer à sa guise un menu typique et de haute qualité gastronomique.

Je vous invite donc à vous plonger dans sa lecture qui sera pour vous une véritable promenade dans les assiettes des diverses régions françaises.

Avec vous, je remercie Madame Machiko SHIINA, d'avoir éveillé votre appétit et de vous aider à mieux connaître une cuisine si lointaine en kilomètres du Japon mais aujourd'hui de plus en plus proche du palais des japonais gastronomes.

マダム・シイナの本に、私が序文を書かせていただけることは、この上ない喜びです。

彼女と知り合ったのは、もう十数年前。毎年夏に日本で行っているフランス菓子と料理の講習会の時でした。私はすぐに彼女の料理への探究心、素材や味へのこだわりに感心し、また私の講習会のために尽力する姿にとても感銘を受けたものです。

彼女がフランスに旅行に来た時、パティスリー・ミエでフランス料理の研修をした時などに、たびたびパリで会うことがありました。その時はパリのあちこちで、またランジスの市場で、四季折々の素材を探したものです。

彼女は常に、私の祖母や母が作っていたような、素材が引き立つフランスの伝統的な家庭料理、フランス各地方のさまざまな郷土料理に興味をもっていました。

この本の中で彼女が選んだ料理のほとんどは、フランスでも伝統的な家庭料理、各地方に昔から伝わる郷土料理ばかりです。読者の皆様は彼女の道案内によって、すばらしいフランス食文化紀行を楽しむことが出来るでしょう。

どうぞ彼女と一緒に、フランス料理の世界へ飛び込んでみてください。フランスからは遠く離れた日本ですが、食通の日本人の皆様にとっては身近になったフランス料理を、さらに"真のフランスの味わい"に近づけてくれたマダム・シイナに感謝いたします。

2009年8月
ドゥニ・リュッフェル

Denis Ruffel　ドゥニ・リュッフェル
1950年生まれ。15歳でパティスリーの道に入る。パティシエ、コンフィズール、グラシエのBM（上級資格）取得。料理も学び、CAPキュイジニエ取得。現在パリ7区「パティスリー・ミエ」オーナー・パティシエ。メートル・パティシエの国際組織「ルレ・デセール」の初期からの重要メンバーの一人。菓子・料理ともに真のフランスの味を受け継ぐ優れた技術者であり、フランス菓子・料理界の"最後の巨人"とも言われる。イル・ブルー・シュル・ラ・セーヌ顧問。毎年夏に日本でフランス菓子・料理の技術講習会を行っている。

Préface

この本は、人一倍の優しさの他には、どこを探してもさしたる才能もない一人の女性が、フランス菓子・料理界最後の、正統の巨人ドゥニ・リュッフェルに啓発され、その後ろ姿を追い求めてきた歩みの歴史でもあるのです。

ドゥニ・リュッフェルは、決してマスコミにおもねることなく、食べる人の心と身体の幸せのためにすべてを捧げてきました。
この本にも、マスコミを意識した料理は一点もありません。
作る人、食べる人の幸せな顔を思い浮かべながら、彼女の精一杯の優しさをもって作り上げたものばかりです。

フランスと日本の素材の大きな違いを乗り越えて、今ここにようやく出来上がったこの本は、マスコミに取り入られようとして奇をてらうことをすべてとしている今の料理への警鐘でもあるのです。

日々の家庭の料理は過度に繊細な味わいを求めてはいけません。作り方は簡明で楽しさを与えるものでなければなりません。

今、まさに稀有となった、食べる人のために本当のおいしさを真剣に考え続けてきた、家庭の幸せと健康のためのフランス料理です。

そしてこれは、かつて自らがアク抜き・下茹でを旨とする偽りの料理法で、最愛の娘の健康を深く傷つけてしまった母としての、悔恨の書でもあるのです。

弓田 亨　ゆみたとおる
1947年、福島県会津若松市に生まれる。1970年、大学卒業後、熊本のお菓子屋『反後屋』に入る。その後、東京『ブールミッシュ』工場長を経て1978年渡仏。パリ『パティスリー・ミエ』で研修。そこで生涯の友となるドゥニ・リュッフェル氏（現在『パティスリー・ミエ』のオーナー・シェフ）と出会う。翌年帰国。青山『フランセ』、自由が丘『フレンチパウンドハウス』工場長を務め、1983年再び渡仏。半年間の研修の後帰国し、1985年、フランスと日本の素材と技術の違いについて書いた『イマジナスィオンⅠ』を自費出版。翌年、代々木上原に『ラ・パティスリー　イル・プルー・シュル・ラ・セーヌ』を開店。1995年代官山に移転。現在もフランス菓子教室で教えるとともに、全国での技術講習会、海外での食材探しなど、真実のフランス菓子のおいしさを追求している。また近年は、製菓材料だけでなく日本の食糧全体が味、栄養ともに弱ってきていることに気付き、日本の家庭料理を立て直す「ごはんとおかずのルネサンス」プロジェクトにも力を注いでいる。

フランス料理教室へようこそ！

　23年前、ただ料理を作ること、食べることが好きだった主婦の私がこの本を出すまでに至ったのは、弓田亨というパティシエと、パリ「パティスリー・ミエ」のシェフ、ドゥニ・リュッフェル氏との出会いがあったということ。それがすべてです。

　弓田亨が作り出すイル・プルー・シュル・ラ・セーヌの味に魅了され、菓子教室の講師として勤め始めた私ですが、その半年後に、フランス料理の講座を新たに開講することになりました。試作の料理を食べては「うまくない」「食えねえ」「味がしない」「香りがしない」と繰り返し言い続けた弓田の熱意、そして食べた人を皆笑顔にしてしまうドゥニさんの温かい料理やお菓子の数々を間近で見させていただいたこと、そのお陰で私は今も料理教室を続けています。

　ドゥニさんによるフランス菓子・料理の講習会も今年で24年目。それは私がドゥニさんと出会ってからの月日とも重なります。そして今、私は少しでもドゥニさんの料理を、たくさんの方たちに伝えていきたいと思っています。
　その一方で、日々料理を作る中で、日本で当たり前にフランス料理を作ることの難しさも感じます。その要因の最たるは日本の素材です。日本でフランスと同じ味わいを出すためには、素材に力が溢れているフランスでは必要のない、「おいしくする工夫」が不可欠なのです。この本の中にある味の補いも、フランス料理を日本でおいしく作るための手段です。
　「ここまでしなくても・・・」と思われる方もいらっしゃることでしょう。でもどうぞこのまま、引き算をしないで、試しに作ってみて下さい。「あら？」「おやっ？」と思われる料理がきっと見つかることでしょう。

おいしいものを食べたい、食べさせたい。だからこそ料理を作るのです。そして何よりも、おいしい料理は元気な身体を作ります。これからも、おいしくて身体を元気にする料理を作っていきたいと思います。

イル・プルー・シュル・ラ・セーヌは、今、私の小さな人生の中心です。そのイル・プルーで一緒に働いているスタッフ、イル・プルーを支えてくれているすべての方々に感謝を申し上げます。

そして最後に。いつも本当に温かくおいしい料理をたゆまない努力で作り続けているドゥニ・リュッフェル氏に、そして日本で本当のフランス菓子を作るために戦い続け、食の領域に警告と示唆を与え続ける弓田に、尽きることのない尊敬の念を込めて、お礼の言葉とさせていただきます。

2009 年 10 月
椎名 眞知子

椎名 眞知子　しいなまちこ

山梨県甲府市生まれ。小さい頃から菓子・料理作りに興味を抱き、短大卒業後、料理学校へ。主婦として、母として、家庭のために料理をブラッシュアップ。その後、弓田亨のお菓子と出会い、イル・プルーのフランス菓子教室1期生として学ぶ。1995年より教室スタッフとなり、ドゥニ・リュッフェル氏がオーナーのパリ「パティスリー・ミエ」他で研修。現在は教室主任として、明るい笑顔で日々やさしいルセットゥ作りに取り組み、弓田亨はじめスタッフ、生徒たちから絶大な信頼を得る"イル・プルーの柱"的な存在。近著に『一年中いつでもおいしい　いろんな冷たいデザート』『イル・プルーのパウンドケーキ　おいしさ変幻自在』などがある。

目次 Sommaire

料理を始める前に	8
La régle de cette livre	

フランス家庭の、定番お惣菜	9
Les traiteurs	

3種類のオムレットゥ	10
セップ茸	11
じゃがいもとベーコン	12
ハムとチーズのカレー風味	13
じゃがいもとひき肉のグラタン	14
温かいラタトゥイユ	16
冷たいラタトゥイユ	18
キッシュ・ロレーヌ	20
魚のベニェ	24
鮭のベニェ・パネ	26
テリーヌ・ドゥ・カンパーニュ	28,30
野菜のテリーヌ	29,32
鴨のリエット	34

野菜たっぷり、サラダ＆スープ	37
Les salades et les soups	

ニース風サラダ	38
根セロリのサラダ	40
マセドワーヌ・サラダ	42
地中海風クスクスのサラダ	44
帆立貝とアボカドのサラダ	46
松の実と鱈のサラダ	48
じゃがいものスープ	50
ミネストローネ	52
アスパラガスのポタージュ	54

魚を使ったメインディッシュ	57
Les poissons	

カレイのポワレ　クリームソース	58
スズキのロースト　クミン風味ソース	60
帆立貝のソテー	62
金目鯛のポピエット　香草風味バターソース	64

肉を使ったメインディッシュ	67
Les viandes	

鴨のロースト　オレンジソース	68
鴨のコンフィ	70
ウイーン風仔牛のカツレツ	72
仔羊背肉の香草風味焼き	74
パンタード・ノエル（クリスマスの鶏料理）	76

フランス各地方の煮込み料理　81
Les cuisines régionales

鶏の赤ワイン煮	82
鶏の白ワイン煮	86
ポトフ	90
プロヴァンス風豚の煮込み	92
ブルゴーニュ風牛の赤ワイン煮	94,96
ブランケットゥ・ドゥ・ヴォー	95,98
グランドゥ・カスレ	100,102
ブイヤベース	101,104
仔羊のカレー	106
バスク風鶏の煮込み　白いんげん豆添え	108

ディナーをしめくくるデザートたち 112
Les desserts

トリュフ2種	113
キュラソー	114
カルバドス	115
ソルベ2種	116
フランボワーズ	117
アブリコ	117
いちじくの白ワイン煮	118
杏のムース	120
クレープ・シュゼットゥ	122,124
ビスキュイ・クラン・オ・ザローム・ドゥ・ショコラ	123,126

よりおいしく作るために　129
Les techniques

フォン・ドゥ・ヴォライユ	130
フォン・ドゥ・ヴォー	131
ドゥミグラスのベースとなるエストゥファドゥ	132
ドゥミグラス	133
ブイヨン	133
フュメ・ドゥ・ポワソン	134
フォン・ドゥ・カナール	135
準備しておくと便利なこと	136
バターいろいろ	136
ブーケガルニ	136
トマトの湯むき	136
ルー	137
マヨネーズ	137
よく登場する付け合わせ	138
ヌイユ	138
じゃがいものグラッセ	139
ミニキャロットのグラッセ	139
パータ・パテ	140
パン・ドゥ・ミ	142
魚のおろし方	144
3枚におろす	144
5枚におろす	144
帆立貝をむく	145
野菜の切り方	145
鶏のさばき方	146
鶏の縛り方	147
フランス料理に使う道具など	148
フランス料理に使う材料・調味料	150
イル・プルーの直輸入材料カタログ	156

おいしいコラム　　Column

1	パータ・パテが余ったら…	23
2	南仏生まれの「タプナード」	36
3	フランス料理によく登場する野菜のこと	56
4	鶏の赤ワイン煮の残りを使って…	85
5	鶏の白ワイン煮の残りを使って…	89
6	付け合わせのルール	111
7	大好きな食器のこと	128

イル・プルー・シュル・ラ・セーヌのご案内
IL PLEUT SUR LA SEINE　　157

料理を始める前に　La régle de cette livre

表①			
食品名	小さじ1（5cc）	大さじ1（15cc）	1カップ（200cc）
生パン粉	1g	3g	40g
カレー粉、こしょう	2g	6g	80g
小麦粉	3g	9g	110g
グラニュー糖、油、バター、マヨネーズ	4g	12g	180g
塩、水、酢、アルコール、牛乳、生クリーム、トマトケチャップ	5g	15g	200g
ウスターソース	6g	18g	230g

表②	
食品名	重量
じゃがいも（中）1コ	150g
なす（中）1本	80～100g
にんじん（中）1本	200～250g
玉ねぎ（中）	200～250g
トマト（中）1コ	150～200g
にんにく1片	7g
卵（Mサイズ）	50g（卵白35g、卵黄15g）

本書の見方

① 料理名・・・日本語とフランス語の料理名を併記しています。

② 説明など・・・その料理の特徴や作る時のポイントなどを記しています。

③ 材料の分量・・・基本的に4人分ですが、場合によっては作りやすい量にしています。

④ 所要時間・・・調理時間はだいたいの目安です。下準備が前日にあるもの、途中で寝かす時間が必要なものなどは、その旨を（　）内に付記しています。

⑤ 難易度・・・4段階の難易度を★マークで示しました。作る際の参考にしてください。

　★☆☆☆　とても簡単。手順がシンプルで材料が比較的手に入りやすい料理。フランス料理の第一歩に。

　★★☆☆　比較的簡単。ある程度料理の心得があれば、問題なく作れる料理。

　★★★☆　ちょっと頑張る。材料が多く工程が複雑な部分もありますが、作り方をよく読めば大丈夫。

　★★★★　難しい。本書の料理を一通り作れるようになったらチャレンジしてください。

⑥ ingrédients・・・材料。使う鍋の大きさや切り方も付記しています。

⑦ memo・・・メモ。珍しい食材、なじみの薄い調味料の説明、代替品の紹介など。

⑧ préparation・・・準備。野菜を切ったり、肉を漬け込んだり、といった下準備について。

⑨ recette・・・作り方。材料を加えるタイミングや焼き色など、ポイントとなるところは写真付きで解説しています。

本書のルール

・イル・ブルーのルセットゥ（レシピ）は、g表記が基本です。大さじ、小さじ、カップでの計量に慣れている方は、〔表①〕の対応表を参考にしてください。

・野菜などは、丸ごと茹でて使う場合以外、カットした正味の分量を表記しています。お買い物の参考に〔表②〕のg数の目安をお使いください。

・調味料や香辛料は、0.1g単位で計量することもしばしば。微量計がない場合は、少々＝0.1～0.4g、1つまみ＝0.5～0.6gを目安に。使うメーカーによって辛さなどが異なりますから、味見をきちんとすることもお忘れなく！

・オーブンは30分前から予熱します。オーブンはメーカーや年式などによって癖があるので、焼き時間はあくまで目安とし、焼き上がりの写真を参考に時間を調節してください。

・フランス料理初心者に馴染みの少ない素材、器具などについて、memo、コラム（→P56）、フランス料理に使う道具など（→P148）、フランス料理に使う材料・調味料（→P150）で紹介しています。特に調味料は味の決め手になるので、参考にしてください。

本書で使っている主な鍋

片手鍋（アルミ製、銅製）	直径9cm、12cm、15cm、20cm
フライパン（鉄製）	直径16cm、18cm、24cm
浅鍋（アルミ製、ホウロウ製）	直径26cm×高さ5cm
深鍋（ホウロウ製、銅製）	直径24cm×高さ11cm
寸胴鍋（アルミ製）	直径21cm×高さ21cm

フランス家庭の、定番お惣菜

Les traiteurs

オムレツ、グラタン、キッシュにテリーヌ……。
誰もがよく知っているフランス家庭料理の定番お惣菜は、
コース料理の前菜に、軽めのブランチに、ピクニックのお供に、
大活躍の一品ばかりです。

3種類のオムレットゥ
Les 3 omelettes

卵料理の王道！大人も子供も大好きなオムレットゥ。
いまどきのフワフワトロトロとは対極の、しっかり焼き目をつけるのが本場フランス流。
ここでは、セップ茸、じゃがいもとベーコン、ハムとチーズのカレー風味の、
3種類のガルニチュールが入ったオムレットゥを紹介します。

セップ茸のオムレットゥ
Omelette aux cèpes

セップ茸のオムレットゥ
Omelette aux cèpes

1枚分　所要時間20分（前日準備あり）　難易度★☆☆☆

〔ingrédients〕

ガルニチュール　⇒ 18cmフライパン使用

セップ茸（乾燥）	20g
水	45g
オリーブ油	5g
にんにく 1cm角に切る	15g
白ワイン（辛口/サンセール）	10g
塩、こしょう、ナツメグ	各適量
くるみ 7mm角に切る	5g

基本のオムレットゥ　⇒ 18cmフライパン使用

A	卵白	3コ分
	マスタード	2g
	オリーブ油	1.3g
	生クリーム（48%）	15g
	グラス・ドゥ・ビアン（缶詰） 湯煎で溶かす	3g
	にんにくのすりおろし	2g
B	卵黄	3コ分
	エダムチーズのすりおろし	5g
	塩	1g
こしょう、ナツメグ		各適量
バター		12g

仕上げ

ポマード状バター（→P136）	適量
ナツメグ	適量

〔préparation〕

(1) セップ茸は水に一晩浸ける。

〔recette〕

ガルニチュールを作る。

1　熱したフライパンにオリーブ油を入れ、にんにくの表面に色がつくまで炒める。にんにくを取り出し、続けてセップ茸を入れ、中火で炒める。白ワイン、塩、こしょう、ナツメグを加え、取り出す。

2　1に、くるみを混ぜ合わせる。

基本のオムレットゥを作る。

1　**A**、**B**はそれぞれ混ぜてから合わせ、こしょう、ナツメグで味を調える。
日本の卵は卵白と卵黄を混ぜ過ぎると卵の味わいが感じられなくなるので、別々に混ぜてから合わせています。

2　熱したフライパンにバターを溶かし、1を中火で焼く。卵の表面にまだうっすらと生の部分が残っているくらいになったら**ガルニチュール**をのせ、卵の両端を折って裏返す。30秒ほど焼き、温めた皿に取る。
強めの火でサッと焼くと、卵の外側はきれいに焼けますが、中がふんわりと焼きあがりません。火加減にはくれぐれも注意を。

3　艶を出すために表面にポマード状バターを刷毛で塗り、ナツメグをかける。
バターの香りとツヤがさらにおいしさを引き立てます。

ガルニチュール

じゃがいもとベーコンのオムレットゥ
Omelette aux pommes de terre et bacon

1枚分　所要時間20分　難易度★☆☆☆

〔ingrédients〕

ガルニチュール　⇒ 18cmフライパン使用

オリーブ油	10g
じゃがいも（メークイン） 皮をむき、8mm角、長さ3.5cmの棒状に切る	60g
にんにく 1cm角に切る	20g
澄ましバター（→P136）	適量
ベーコン 1cm角に切る	30g
グリュイエールチーズ 1cm角に切る	15g
クローブ（粉末）	0.1g

オムレットゥ　⇒ 18cmフライパン使用

基本のオムレットゥ	（→P11）
クローブ（粉末）	0.1g

仕上げ

ポマード状バター（→P136）	適量
ナツメグ	適量

〔recette〕

ガルニチュールを作る。

1　熱したフライパンにオリーブ油を入れ、じゃがいもを炒める。表面に色がつく少し手前でにんにくを加え、じゃがいもに香りをつけ、取り出す。

2　熱したフライパンに澄ましバターを溶かし、ベーコンを表面が少し硬くなるまで弱火で炒める。

3　1、2、グリュイエールチーズを合わせ、クローブをまぶす。

オムレットゥを作る。

1　P11「セップ茸のオムレットゥ」**基本のオムレットゥ**の工程1で最後にクローブを加える。工程2〜3と同様に作る。

ガルニチュール
3

ハムとチーズのカレー風味のオムレットゥ
Omelette aux jambons et fromage au curry

1枚分　所要時間20分　難易度★☆☆☆

〔ingrédients〕

ガルニチュール　⇒ 18cm フライパン使用

オリーブ油	5g
にんにく 1cm角に切る	12g
ハム 1cm角に切る	30g
グリュイエールチーズ 1cm角に切る	15g
カレー粉 *1	0.4g（0.2g + 0.2g）
A エストラゴン※	4g
セルフィーユ※	2g
シブレット※	2g
※すべてみじん切り	
塩、こしょう	各適量

オムレットゥ　⇒ 18cm フライパン使用

基本のオムレットゥ	（→P11）
カレー粉	0.1g

仕上げ

ポマード状バター（→P136）	適量
ナツメグ	適量

memo

*1　ナイル商会のインデラ・カレーを使用。微量計がない場合は、1gを計り、その半分弱で0.4gとしてもよいです。

〔recette〕

ガルニチュールを作る。

1　熱したフライパンにオリーブ油を入れ、にんにくの表面に色がつくまで炒める。にんにくを取り出し、続けてハムを入れ、表面に色がつくまで強火で炒める。カレー粉0.2gをふりかけ、取り出す。

2　1、グリュイエールチーズ、**A**の香草を合わせ、カレー粉0.2gをふり、軽く塩、こしょうをする。

オムレットゥを作る。

1　P11「セップ茸のオムレットゥ」**基本のオムレットゥ**の工程1で最後にカレー粉を加える。工程2〜3と同様に作る。

ガルニチュール

2

じゃがいもとひき肉のグラタン
Hachis Parmentier

フランス家庭料理の代表選手「アッシ・パルマンティエ」は、
もともとはポトフなどの残り肉を再利用して作られていたもの。
じゃがいものホクホクとした温かさ、牛乳の香り…。
フランスの家庭で食べるような、素朴な温かさを出したくて、
サワークリームやグリュイエールチーズ、エダムチーズを加えています。
ちなみに「パルマンティエ」とはフランスにじゃがいもを普及させた博士の名前。
じゃがいもを使った料理によくつけられます。

4人分（21cm×13.5cm×高さ5cmの耐熱皿1台分）　所要時間40分　難易度★☆☆☆

〔ingrédients〕

じゃがいものピュレ　⇒ 15cm 片手鍋使用

じゃがいも（メークイン）1125g	（正味937g）
牛乳	312g
生クリーム（48%）	150g
バター	58g
サワークリーム	19g
グリュイエールチーズのすりおろし	13g
塩	8.7g
白こしょう	8回挽く
ナツメグ	適量

ひき肉　⇒ 18cm フライパン使用

澄ましバター（→P136）	14g
玉ねぎ　みじん切り	200g
にんにく　みじん切り	25g
牛ひき肉*1	200g
塩	4g
こしょう、ナツメグ	各適量

仕上げ

グリュイエールチーズのすりおろし	50g
エダムチーズのすりおろし	13g
こしょう	3回挽く
ナツメグ	適量

memo
*1　牛ひき肉はオーストラリア産オージービーフなどがおいしいです。脂が多いと仕上がりがベットリするので、なるべく脂の少ない肉を選びましょう。

〔recette〕

じゃがいものピュレを作る。

1　じゃがいもは皮ごと柔らかめに茹で、熱いうちに皮をむき、木べらで上から押しつけるようにして裏ごしする。
皮をむいて茹でると、じゃがいもに水分が多く入り、生クリームと牛乳が浸透しにくくなって味わいが薄くなるので、必ず皮ごと茹でます。また、裏ごしをする時は、木べらを手前にひいてこすってしまうとじゃがいもの粘りが出るので気をつけて。

2　片手鍋に牛乳、生クリーム、バターを入れ、火にかける。沸騰したらすぐに1のじゃがいもに4～5回に分けて加え、木べらで混ぜる。サワークリーム、グリュイエールチーズのすりおろしを加え、塩、白こしょうをふり、ナツメグをかける。

ひき肉を炒める。

1　熱したフライパンに澄ましバターを溶かし、玉ねぎを炒める。しんなりしてきたら、にんにく、牛ひき肉を加える。サッと強火で炒め、肉に赤み（生の色）がところどころ残るくらいになったら、塩、こしょうをし、ナツメグをかけ、火を止める。

仕上げる。

1　耐熱皿にバター（分量外）を塗り、**じゃがいものピュレ**を半分入れ、平らにして**ひき肉**をのせる。さらに残りの**じゃがいものピュレ**をのせ、同様に平らにする。グリュイエールチーズのすりおろし、エダムチーズのすりおろしをかけ、こしょうをし、ナツメグをかける。

2　オーブンで焼く。
［電子レンジオーブン：270℃で7～8分］
［ガスオーブン：250℃で7～8分］
中まで熱くなるまで焼きますが、あまりアツアツすぎるとかえって味わいが損なわれます。表面が焦げすぎると、じゃがいものぽっくりとした温かい味わいを消してしまいます。

ひき肉
1

仕上げ
1

2

温かいラタトゥイユ
Ratatouille

なす、ピーマン、トマト、ズッキーニなどの野菜が入った、
南仏ニース生まれの野菜の煮込み料理。
このルセットゥでは、本来ラタトゥイユには入れないベーコンを加えることで、
日本の野菜に足りない旨味を補い、これ一品でボリュームあるおかずになるよう仕上げています。

4人分　所要時間50分　難易度★☆☆☆

〔ingrédients〕

⇒ 24cmフライパン、26cm浅鍋使用

オリーブ油	46g（8g＋20g＋8g＋10g）
ベーコン *1	200g
1cm角、長さ3cmの棒状に切る	
玉ねぎ（大）	200g
8～10等分のくし切りにし、さらに横半分に切る	
にんにく	35g
4等分に切る	
なす	400g
厚さ1cmに切る	
ズッキーニ	180g
厚さ1cmに切る	
パプリカ（赤）	1コ（正味150g）
幅3cmくらいの乱切り	
トマト（甘みの少ないもの）	300g
水	90～100g
グラス・ドゥ・ビアン（缶詰）	10g
トマトペースト	30g
塩	4g
レモン汁	10g
エダムチーズのすりおろし	7g
こしょう	8回挽く
ナツメグ	5回挽く

memo
*1 国産ベーコンは脂が多く、調味料で味つけされていることがあるため、160gくらいの方がよい場合もあります。

〔préparation〕

（1）トマトは湯むき（→P136）して、10等分のくし切りにする。その他の野菜もそれぞれ切る。

〔recette〕

1　熱したフライパンにオリーブ油8gを入れ、ベーコンを炒める。十分脂が出たらベーコンを取り出し、続けて玉ねぎとにんにくを強火でサッと炒める。玉ねぎに色がついたら取り出す。

2　熱したフライパンにオリーブ油20gを入れ、なすを焼く。油を吸い込んできたら一度裏返す。火が通り、しんなりしてきてキツネ色になるまで少し時間をかけて焼き、取り出す。

3　熱したフライパンにオリーブ油8gを入れ、ズッキーニを炒める。表面に焼き色がついたら取り出す。続いてオリーブ油10gを入れ、パプリカを軽く炒め、取り出す。

4　鍋に1とトマトを入れ、しばらく煮る。トマトに火が通り柔らかくなったら、水、グラス・ドゥ・ビアン、トマトペースト、塩を加えて、ドロッとするまで煮る。
煮詰め方が足りないと野菜を加えてからまたしばらく煮ることになり、野菜が柔らかくなりすぎてしまいます。

5　4に2のなす、3のズッキーニ、パプリカを加えさらに煮る。
野菜を長時間煮るとグチャッとしてしまうので、野菜を加えたら10分くらいで仕上げましょう。

6　レモン汁、エダムチーズのすりおろし、味を見て塩（分量外）を加え、1分煮る。煮上がる直前に、こしょう、ナツメグを加える。木べらで鍋底をこすった時、少しとろみのついたトマトソースがにじむくらいが目安。
煮詰めすぎてソースが乾いた感じになると、おいしさが半減してしまうので気をつけて。

冷たいラタトゥイユ
Ratatouille

こちらは教室の授業で作っている冷たいラタトゥイユ。
温かいラタトゥイユと材料はほとんど同じですが、
こちらの冷たくして食べるラタトゥイユは、野菜それぞれの味わいを楽しめるタイプ。
他の料理の付け合わせにも使えます。

4人分　所要時間1時間　難易度★☆☆☆

〔ingrédients〕

⇒ 24cmフライパン、26cm浅鍋使用

オリーブ油		73g（10g + 8g + 30g + 25g）
玉ねぎ 7mm角に切る		90g
パプリカ（赤） 1cm角に切る		130g
A	なす（なるべく硬いもの） 2cm角に切る	500g
	塩 なすの重量の1%にあたる	5g
ズッキーニ 2cm角に切る		400g
トマト		500g
トマトペースト		50g
グラス・ドゥ・ビアン（缶詰）		15g
塩		7g（6g + 1g）
エダムチーズのすりおろし		3g
にんにく つぶしてから細かいみじん切り		20g
ブーケガルニ（→P136） タイム5本、ローリエ1/2枚、 イタリアンパセリ5本で作る		1本
こしょう、ナツメグ		各適量
キャソナード *1		1g
レモン汁		10g

memo

*1　アンティーユ諸島で採れる赤砂糖。酸味の強いもの、トマトソースの料理に加えると、味に膨らみが出ます。

〔préparation〕

（1）　Aのなすは塩をふって30分おき、ザルにあけて水気をきる。キッチンペーパーの上にのせて、さらに水気をしっかりきる。トマトは湯むき（→P136）して種を取り、2cm角に切る。種を裏ごしした汁も使う。その他の野菜もそれぞれ切る。

〔recette〕

1　熱したフライパンにオリーブ油10gを入れ、玉ねぎを炒める。しんなりしたら弱火にし、フタをして蒸し煮にする。少し柔らかくなり、水分が出てきたらフタを取り、取り出す。
日本の玉ねぎはフタをしないと柔らかくなりません。

2　熱したフライパンにオリーブ油8gを入れ、パプリカを強火でサッと炒める。歯触りが残るくらいの硬さになったら取り出す。

3　熱したフライパンにオリーブ油30gを入れ、なすを強火でサッと炒める。表面に焼き色がついたらザルにあけて油をきる。
ここで長く炒めると、煮崩れて食感が感じられなくなるので手早く、色づく程度に！

4　熱したフライパンにオリーブ油25gを入れ、ズッキーニを中火で炒める。表面に焼き色がつき、少し歯触りが残るくらいまで炒めたら、ザルにあけて油をきる。

5　鍋に1の玉ねぎを入れ、トマト、トマトの汁、トマトペースト、グラス・ドゥ・ビアン、塩6g、エダムチーズのすりおろし、にんにく、ブーケガルニを加えて煮る。木べらの跡が一瞬残るくらいまで煮詰めたら、2、3、4を加え、2～3分煮る。

6　アルミホイルでフタをして、オーブンで煮る。汁気が鍋底に少し残るくらいが目安。
[電子レンジオーブン：190℃で10分]
[ガスオーブン 180℃で7～8分]

7　最後に塩1g、こしょう、ナツメグ、キャソナード、レモン汁で味を調える。

キッシュ・ロレーヌ
Quiche lorraine

日本でも人気のあるフランスのお惣菜、ベーコンとハムが入ったキッシュ・ロレーヌは、
フランス東部、ロレーヌ地方の名物料理です。
パティスリーで通常販売しているのは、小さな一人分サイズですが、
教室では直径20cmのボウルで作ります。
サワークリームやヨーグルト、ミルクパウダーなどを加えることで、
ようやく、フランスで食べたキッシュのおいしさを再現できました。
パータ・パテを作るのがちょっと手間かもしれませんが、
慣れてしまえば、それほど難しいテクニックなどいらない素朴なお惣菜です。

口径 19.5cm、底径 17.5cm、高さ 3cm のフランキャヌレ型 2 台分　　所要時間 50 分　難易度 ★★☆☆

〔ingrédients〕

パータ・パテ
1 台につき 270g 使用（→ P140）

アパレイユ
全卵	110g
卵黄	40g
サワークリーム	40g
チーズコンサントレ *1	10g
ヨーグルト	50g
生クリーム（48%）	60g
牛乳	50g
塩 *2	0.6g
こしょう *2	0.3g
ナツメグ *2	0.2g
ミルクパウダー *2	0.4g

ガルニチュール　⇒ 18cm フライパン使用
澄ましバター（→ P136）	適量
ハム　1cm 角に切る	90g
ベーコン　幅 8mm の細切り	50g
グリュイエールチーズ　1cm 角に切る	35g

組み立て
グリュイエールチーズのすりおろし	8g
エダムチーズのすりおろし	10g
こしょう、ナツメグ	各適量

memo
*1　チーズ特有の香りがとても豊かで、風味がとてもよくなります。手に入らなければ入れなくても構いません。

*2　味を見て大体の目安が分かれば、次からは目分量で構いません。

〔préparation〕

(1)　**パータ・パテ**を作り、空焼きする（→ P140）。

〔recette〕

アパレイユを作る。

1　全卵と卵黄を合わせ、ホイッパーで行ったりきたりの直線で混ぜる。

2　別のボウルにサワークリーム、チーズコンサントレ、ヨーグルトを順に入れ、ホイッパーで円を描くように 20 回ずつ混ぜる。生クリーム、牛乳も加え混ぜる。

3　**1** の卵液に、**2** を 3 回に分けて加え、泡立てないように、ゆっくりと混ぜる。塩、こしょう、ナツメグを加え混ぜる。ミルクパウダーも加える（完全に溶けなくてよい）。

型に流してオーブンに入れるまで、アパレイユはけっして温かいところに置かないように！アパレイユが温まると生クリームの脂肪分が分離し、焼き上がるとさらに脂肪分が表面に出て、グチャッとした不快な舌触りになってしまいます。アパレイユは 2 日間くらい保存出来るので、前もって作ることも可。

ガルニチュールを作る。

1　熱したフライパンに澄ましバターを溶かし、ハムを強火でサッと炒める。表面がほんの少しカリッとするくらいまで炒めたら、こし器にあけて、油をきる。

2　同様にベーコンを中火で、少し時間をかけて炒める。いくらか焼き縮みして、かなりカリカリとした歯触りとなり、こんがりしたキツネ色になるまで焼く。ハムと同様にこし器にあけて、油をきる。

組み立てる。

1　空焼きした**パータ・パテ**の上に、**ガルニチュール**のハム、ベーコン、グリュイエールチーズを均一に散らす。

アパレイユ

1

3

ガルニチュール

1

2

組み立て

1

次ページにつづきます⇨

つづき⇨

2　**アパレイユ**を型いっぱいに静かに流し入れる。表面にグリュイエールチーズのすりおろし、エダムチーズのすりおろしを散らす。こしょうをし、ナツメグを軽く一面にかける。

3　オーブンで焼く。
[電子レンジオーブン：180℃で28分]
　12分　縁の方が少し膨れ、やや固まる。
　20分　中央の10cmほどを残して1〜1.5cm浮く。
　　　　斑点状の焼き色が出来る。
　28分　型から1.5cmほど膨らみ、縁にかなり濃い焼き色がつく。揺すっても中心はほんの少ししか動かない。
[ガスオーブン：180℃で25分]
キッシュの場合、アパレイユはやや膨れても構いません。少しスダチができるくらいの硬さまで焼き上げた方が歯触りもよいです。

● おいしい食べ方

焼いたばかりの熱いうちよりも、1時間くらいおいて一度冷ました方が味、香りともによりよく感じられます。食べる時は、再び150℃のオーブンで8〜10分温めます。角切りチーズが溶け出すくらいがちょうどよいです。中まで温まっているか調べる時は、竹串を中心に10秒刺し、唇にあててみて、熱く感じるくらいが適温です。保存は常温で2日間ほど。

Column 1　　パータ・パテが余ったら…

余ったパータ・パテは、そのまま焼いてもおいしいけれど、
ちょっと趣向を変えて、小さなタルトレットで焼いてみるのもおススメです。
小さいけれど、味は本格的！愛らしい見た目は、パーティーなどに出しても喜ばれます。

タルトレット型お好みで　所要時間各30分（＋パータ・パテを1時間寝かす）　難易度★☆☆☆

Croustade d'œuf brouillé et œufs de saumon
Quichette
Pissaladière

❀ キシェットゥ　Quichette

○ パータ・パテ（→P140） ……………………… 適量
○ ガルニチュール
・ベーコン、ハム、コンテチーズ ………… 各適量
　（それぞれ1cm角に切る）
・澄ましバター（→P136） ……………………… 適量
○ アパレイユ
・⇒P20「キッシュ・ロレーヌ」参照 …………… 適量

① タルトレット型にパータ・パテを敷き込み、焼き縮みしないように冷蔵庫で最低1時間寝かせる。190℃のオーブンで7～8分空焼きする。
② ベーコンを澄ましバターで炒める。ハムも加え、焼き色がつくまで炒める。
③ ①の空焼きした生地に②とコンテチーズを入れ、アパレイユを縁まで流し入れる。
④ 200～220℃のオーブンで約15分焼く。すぐに型から出し、網の上で冷ます。

❀ スクランブルエッグとイクラのクルスタッドゥ
Croustade d'œuf brouillé et œufs de saumon

○ パータ・パテ（→P140） ……………………… 適量
○ スクランブルエッグ
・バター …………………… 20g（12.5g＋7.5g）
・全卵 ……………………………………… 120g
・生クリーム（35%） ……………………… 7.5g
・バター …………………………………… 7.5g
・塩 ……………………………………… 2つまみ
・白こしょう ……………………………… 適量
○ 仕上げ
・シブレット、イクラ ………………… 各適量

① ＜キシェットゥ＞工程①と同様に生地を空焼きする。
② ＜スクランブルエッグ＞を作る。バター12.5gを湯煎にかけて溶かす。軽くほぐした全卵を入れ、ゆっくりよく混ぜる。ある程度固まってきたら火からおろす。
③ 生クリーム、バター7.5gを加えてさらに混ぜ、塩、白こしょうで味を調える。
④ ①の空焼きした生地に③を入れ、刻んだシブレットとイクラをのせる。

❀ ピサラディエール　Pissaladière

○ パータ・パテ（→P140） ……………………… 適量
○ ガルニチュール
・ピザソース（市販品でも可） ………………… 適量
・アンチョビ ……………………………… 適量
・オリーブ ………………………………… 適量

① ＜キシェットゥ＞工程①と同様に生地を空焼きする。
② ①の空焼きした生地にピザソースを入れ、アンチョビとオリーブをのせる。160℃のオーブンで5～6分焼く。すぐに型から出し、網の上で冷ます。

魚のベニェ
Beignets de poissons

「ベニェ」とは衣をつけて揚げるフランス版天ぷらのこと。
甘いベニェとお料理のベニェがあり、フランスの家庭料理の定番です。
ここではいろんなお魚と野菜を合わせてかき揚げ風にしてみました。
ポイントは衣に使ったベルギービール。しっかりした味わいのものを使うことで、
ビールの苦味が隠し味になって、衣がフンワリ、サクッと仕上がります。
揚げたてのベニェに塩をつけていただきます。

8コ分　所要時間1時間30分　難易度★☆☆☆

〔ingrédients〕

衣　⇒ 10コ分

薄力粉	62g
強力粉	62g
塩	2.5g
全卵	60g
ビール（ベルギー産）*1	125g
オリーブ油	25g
エダムチーズのすりおろし	10g
卵白	40g

ガルニチュール

有頭えび（ホワイトタイガー・殻付き）	100g
殻をむき、3つに切る	
鯵	70g
1.5cm角に切る	
するめいか	50g
1.5cm角に切る	
ヤングコーン	40g
長さ1cmに切る	
グリーンアスパラガス	40g
根元の硬い部分を3cmほど切り落とし、長さ1.5cmに切る	
にんじん	20g
皮をむき、1cm角に切る	
いんげん	40g
筋を取り、長さ1.5cmに切る	

揚げ油　⇒ 26cm浅鍋使用

油	適量
ピーナッツ油とサラダ油を1:1の割合で	

仕上げ

フルール・ドゥ・セル	適量

memo
*1　ビールは味がしっかりしたものを使いましょう。教室ではベルギー産のビールを使っています。

〔préparation〕

（1）**衣**の材料を全て冷蔵庫で冷やす（薄力粉と強力粉は合わせてふるう）。

（2）**ガルニチュール**もそれぞれ切る。

〔recette〕

衣を作る。

1　冷やしておいた粉に塩を加え、ホイッパーで円を描くように混ぜる。ほぐした全卵を加え、練らないように注意しながら混ぜる。生地はかなり硬めになる。

2　軽く混ざったら、冷たいビールを加えながらさらに混ぜる。オリーブ油、エダムチーズのすりおろしを加え混ぜ、1時間室温で寝かせる。

3　冷蔵庫で手つき中ボウルごと冷やした卵白をハンドミキサー（ビーター1本）の速度2番で1分→速度3番で30秒泡立て、メレンゲを作る。2に1すくい加え、ホイッパーでよく混ぜる。もう1すくい加え、軽く混ぜる。残り全部を加え、木べらでサッと混ぜる。

仕上げる。

1　**ガルニチュール**をすべて混ぜ合わせ、その半量を150gの衣で和える。
時間をおくと味が変わってしまうので、一度に揚げられる量を衣と和えましょう。

2　**揚げ油**を170℃に熱して揚げる。最初は低温で、あとから少し温度を上げてカラッと揚げる。
初めから高温で揚げると中まで火が通らず、ガリガリになってしまい、サクッとしたこの衣の特徴が出せません。

3　皿に盛り付け、フルール・ドゥ・セルを添える。

衣

3

仕上げ

1

2

鮭のベニェ・パネ
Beignets panés de saumon et haricots verts

こちらはパン粉をまぶして揚げたフライです。
鮭は、特にムースにする部分は、脂が多すぎるハラミは使わない方がよいです。
じゃがいものグラッセと、エシャロットで風味づけしたソース・ベアルネーズがよく合います。
このソースの名前はフランス南西部ベアルン地方生まれの食通の王様、アンリⅣ世にちなんだもの。
赤身肉などのステーキや魚のムニエル、フライととっても相性がいいんですよ。

4人分　所要時間1時間　難易度★★☆☆

〔ingrédients〕

ソース・ベアルネーズ　⇒ 15cm 片手鍋使用

白ワイン（辛口/サンセール）		
		100g（90g + 10g）
A	エシャロット	20g
	赤ワインビネガー	15g
	エストラゴン	5g
	セルフィーユ	5g
	粗くつぶした粒こしょう*1	2g
卵黄		48g
澄ましバター（→P136）		87g
B	セルフィーユ	2g
	エストラゴン	4g
	塩	2g
C	こしょう	少々
	カイエンヌペッパー	0.2g
	ナツメグ	0.2g

ベニェ・パネ

鮭 A（ノルウェー産）	190g
全卵	72g
塩	2g
クレーム・ドゥーブル	93g
ソース・アメリカン（缶詰）	40g
カイエンヌペッパー	少々
サフランパウダー*2	少々
セルフィーユ、エストラゴン、シブレット それぞれみじん切り	各4g
いんげん	70g
鮭 B（ノルウェー産）	400g
塩、こしょう	各適量
シブレット（結び用）	適量

衣

薄力粉、溶き卵、パン粉（→P143）各適量

揚げ油

油　　　　　　　　　　　　　　　　適量
ピーナッツ油とサラダ油を1:1の割合で

付け合わせ

じゃがいものグラッセ（→P139）　適量

memo
*1　フランス語で「ポワブル・ミニョネット」と呼びます。鍋の底などで叩いて粗くつぶします。

*2　サフランパウダーは手に入らなければ入れなくても構いません。

〔préparation〕

（1）ソース・ベアルネーズに使うエシャロット、エストラゴン、セルフィーユはすべてみじん切りにする。

（2）ベニェ・パネのいんげんは硬めに塩茹でにし、すぐに氷水につけて水気をきる。長さ5～6cmに切る。

（3）ベニェ・パネの鮭Bは厚さ5mm（1枚45g程度）に切ったものを8枚用意し、塩、こしょうをする。ソース・アメリカンは40gを20gになるまで煮詰める。

（4）ベニェ・パネの鮭Aは冷凍庫で半冷凍にする。その他の材料は全て冷蔵庫で冷やす。

〔recette〕

ソース・ベアルネーズを作る。

1　白ワイン90gを片手鍋で沸騰させ、**A**を加える。こしたものが30gくらいになるように弱火で煮詰める。

2　金網とセラミック網を重ねてガス台にのせ、ガラスボウルにほぐした卵黄と1を入れ、65℃になるまでホイッパーでボウルの底を強く混ぜる。少し卵黄がもったりしてくる。
ガラスボウルを使う時は、火のあたりを和らげるために必ず金網とセラミック網を重ねて使います。

3　火からおろし、白ワイン10gを加える。湯煎で溶かして40℃にした澄ましバターを少しずつ加え、よく混ぜる。**B**を加え混ぜ、**C**を加え、味を調える。

ベニェ・パネを作る。

1　ムースを作る。鮭Aをフードプロセッサーにかける。ほぐした全卵を4～5回に分けて加え、塩も加える。滑らかなペースト状になったら、クレーム・ドゥーブルを3回に分けて加える。裏ごしする。

2　1のボウルを氷水にあてて冷やしながら、煮詰めたソース・アメリカン、カイエンヌペッパー、サフランパウダーを加える。セルフィーユ、エストラゴン、シブレット、いんげんを加え混ぜる。

3　鮭Bの上に2をのせて巻き、シブレット（結び用）で両端の2ヶ所を結ぶ。

4　**衣**の薄力粉をつけて溶き卵にくぐらせ、パン粉をまぶす。**揚げ油**を170℃に熱して揚げる。衣が明るいキツネ色になるくらいが目安。

盛り付ける。

1　ベニェ・パネを2～3等分に切り、皿に盛り付ける。**付け合わせ**のじゃがいものグラッセを添え、**ソース・ベアルネーズ**を添える。

ソース・ベアルネーズ

1

2

3

ベニェ・パネ

2

テリーヌ・ドゥ・カンパーニュ
Terrine de campagne

野菜のテリーヌ
Terrine de légumes en gelée

テリーヌ・ドゥ・カンパーニュ
Terrine de campagne

合鴨、豚肩、仔牛のロース肉に、脂身の多い豚首肉と鶏レバーのペーストを合わせた田舎風テリーヌ。
肉のおいしさを引き立てるよう、こしょうやハーブ、エダムチーズを加えました。
たっぷりの背脂で包んで焼き上げたテリーヌは、作ってから1週間おいてからの方が、
それぞれの味わいがしっかりと感じられるようになります。保存期間は冷蔵庫で2週間ほど。
食べる時は、冷蔵庫から出して5分ほどおくと、ぐんとおいしくなりますよ。

上口9cm×28cm、底寸8cm×25cm、高さ8cmのテリーヌ型1台分　所要時間2時間（前日準備あり）　難易度★★★☆

〔ingrédients〕

	豚の網脂	適量
	豚の背脂 切る直前に冷凍庫で冷やし、なるべく薄く切る	500g
	ガルニチュール	
A	合鴨ロース肉※	200g
	豚肩ロース肉※	200g
	仔牛ロース肉※ ※それぞれ1.5cm角に切る	200g
B	エシャロット 1cm角に切る	30g
	にんにく 1cm角に切る	40g
	玉ねぎ 1.5cm角に切る	80g
	にんじん 1.5cm角に切る	60g
C	マール酒	10g
	ブランデー（オタール）	55g
	塩	1g
	豚首肉 1cm角に切る	450g
	鶏レバー *1	220g
	粉ゼラチン	2g
	ガルニチュールの漬け汁	10g
	タイムの葉	7g
	ローリエ ハサミで細かく切る	0.8g
	塩	15g
D	こしょう	5g
	全卵	60g
	グラス・ドゥ・ビアン（缶詰） 湯煎で溶かす	13g
	エダムチーズのすりおろし	5g
	枝付きのタイム	適量

付け合わせ

サニーレタス、ピクルス、アスピック*2
各適量

memo
*1　今の鶏レバーにはそれほど臭みはありませんが、気になる人は下準備の時に牛乳に漬けて臭みを取ってください。

*2　P33「野菜のテリーヌ」ジュレの工程と同様に作り、バットなどに流して冷やし固め、立方体に切る。

〔préparation〕

（1）作る前日に、**ガルニチュール**の **A** の肉と **B** の野菜をそれぞれ切る。
漬け込み用野菜は、細かく切ることで肉に味がしみ込みやすくなります。十分に水気を切ってから加えます。

（2）（1）に **C** を合わせて 24 時間漬け込む。
漬け汁は粉ゼラチンをふやかす時に使うので捨てないで。

（3）鶏レバーは筋や血の塊などを除いてきれいにする。粉ゼラチンは**ガルニチュール**の漬け汁で約 30 分ふやかし、50℃の湯煎で溶かしておく。背脂は柔らかいと切りにくいため、切る直前に冷凍庫で冷やす。

（4）テリーヌ型に豚の網脂を敷き、続けて背脂を敷き込む。
どちらか一方だけを敷いてもいいですが、背脂は使った方が断然おいしいです。

〔recette〕

ガルニチュールを作る。

1　豚首肉をフードプロセッサーにかけてペースト状にする。鶏レバーを加え、さらにペースト状にする。
豚首肉は十分にペースト状にしないと、中にしっかり肉を包み込んだ味になりません。

2　ボウルに移して氷水にあてて十分に冷やしたら、湯煎で溶かした粉ゼラチン、**D**、汁気をきった **A**、**B**、**C** を加えてよく混ぜ、網脂と背脂を敷いたテリーヌ型に詰める。
肉類は十分冷やしてから他の材料と混ぜないと、焼いた時にフワフワとした頼りない食感になってしまいます。

3　側面に垂らしておいた背脂を交差させるようにかぶせ、網脂もかぶせる。

4　枝付きのタイムをのせ、全体にアルミホイルをかぶせる。

5　天板に湯を 1cm ほど張り、湯煎焼きする。
［電子レンジオーブン、ガスオーブン：
　　　　　140℃で 1 時間 30 分～1 時間 40 分］
焼く温度は、あまり低すぎてもしっかり固まった感じが出ませんが、高すぎてもおいしくなりません。

6　ナイフを刺した時に、肉汁（くすんだ赤い色）が出てくるくらいが焼き上がりの目安。冷めたら冷蔵庫で保存する。

盛り付ける。

1　ナイフを型の周りに刺し入れて型から出す。厚さ 1.5cm にスライスし、皿に盛り付ける。お好みでサニーレタスやピクルス、アスピックなどを添える。

● **家庭でアレンジ**

小さな耐熱ガラス製のテリーヌ型（上口 9cm × 16cm、底寸 8cm × 15cm、高さ 6cm）を使う場合は、薄く切った背脂を敷き詰めるだけでもよいです。

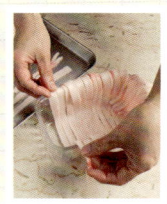

このルセットゥって 2 台分になります。

ガルニチュール

1

2
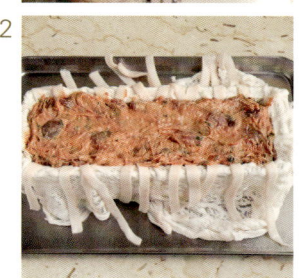

3

4

5
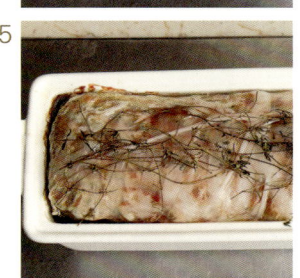

6
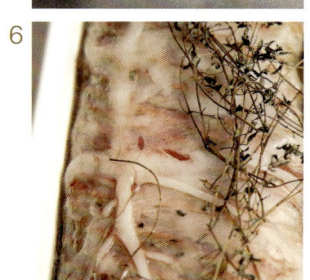

野菜のテリーヌ
Terrine de légumes en gelée

11種類の野菜がぎっしり詰まった、ジュレで固める冷製のテリーヌ。
カットした断面がカラフルで、おめかししたディナーの前菜にもピッタリの一皿です。
エシャロットやシブレットの香り、バルサミコのきいたソースがアクセント。
作った翌日がいちばんおいしく召し上がれます。
冷蔵庫から出し、室温でジュレが柔らかくなったら食べ頃です。
冷蔵庫で2～3日保存出来ます。

上口9cm×28cm、底寸8cm×25cm、高さ8cmのテリーヌ型1台分　所要時間1時間（+1晩寝かす）　難易度★★★☆

〔ingrédients〕

ガルニチュール

A	キャベツ（大きめの葉）	300g
	かぶ 1cm角の棒状に切る	140g
	にんじん 1cm角、長さ6cmの棒状に切る	240g
	パプリカ（赤・黄・緑） 1.5cm角に切る	各70g
	ズッキーニ 種を取り、1.5cm角の棒状に切る	80g
	アーティチョーク 1.5cm角の棒状に切る	120g
	いんげん 筋を取る	100g
	ブロッコリー 小房に切り分ける	100g
エシャロット みじん切り		66g
シブレット みじん切り		18g
コーン（缶詰・グリーンジャイアント） 汁気をきる		110g

ジュレ

粉ゼラチン	10g
水	50g
湯	665g
ジュレパウダー（マギー）*1	33g

ソース・バルサミコ

A	トマトケチャップ	8g
	ウスターソース	2g
	赤ワインビネガー	4g
	黒こしょう	12回挽く
	塩	1g
	バルサミコ酢	28g
ピーナッツ油		70g
オリーブ油		30g
トマト		50g
バジル 幅5mmの千切り		1g
コリアンダー みじん切り		1g

memo

*1 マギーのジュレ専用パウダー。日本に輸入されているものより、ヨーロッパで売っているものの方が味がしっかりしています。旅行に行った時に購入したり、おみやげで買ってきてもらうとよいですよ。

〔préparation〕

（1）**ガルニチュール**の**A**の野菜を、色移りしないように白いものから順に1種類ずつ塩茹でして冷ます。キャベツは葉をはがし、芯の太い部分を包丁で切って平らにする。いんげんは長さ5cmに切る。

かなり塩を加えて茹でないと野菜が水っぽくなります（湯量の1%の塩が目安）。しっかり沸騰させながら野菜が湯の中で踊るくらいの火加減で茹でましょう。

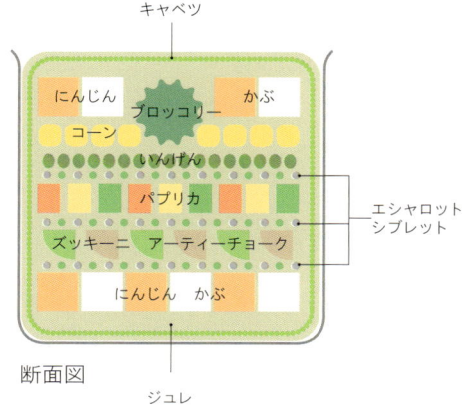

断面図

〔recette〕

ジュレを作る。

1　**ジュレ**を作る。粉ゼラチンを水でふやかし、湯にジュレパウダーと共に入れ、溶かす。

ガルニチュールを型に入れる。

1　型の底と側面に刷毛で**ジュレ**を塗り、型全体にキャベツを敷く。しわを寄せないようきれいに敷き詰め、側面にも垂らす。
ジュレが型とキャベツをくっつける役割をします。

2　冷やしてとろみをつけた**ジュレ**を、刷毛で厚さ1cmくらい塗り、かぶとにんじんが6列になるように交互に並べる。**ジュレ**をレードルで野菜がかぶるくらい流し入れる。

3　エシャロットとシブレットの1/3量を一面にふりかける。ズッキーニ、アーティチョークを2と同様に交互に並べ、**ジュレ**を流す。

4　再びエシャロットとシブレットの1/3量をふりかける。パプリカ（赤・黄・緑）を彩りよく並べ、同様に**ジュレ**を流す。残りのエシャロットとシブレットをふりかける。

5　いんげんを並べる。続けてブロッコリーを真ん中に1列に並べ、両側にコーンを並べ、コーンの上にかぶ、にんじんを2列ずつ並べる。

6　側面に垂らしておいたキャベツでフタをする。もう1枚キャベツをのせ、刷毛でジュレを塗り、冷蔵庫で一晩寝かす。

ソース・バルサミコを作る。

1　トマトは湯むき（→P136）して種を取り、3mm角に切る。**A**の調味料をよく混ぜ合わせ、ピーナッツ油、オリーブ油を加え、乳化させないように軽く混ぜる。トマト、バジル、コリアンダーを加え、サッと混ぜる。

盛り付ける。

1　型を熱湯に3〜5秒つけ、**野菜のテリーヌ**を出す。厚さ1.5cmにスライスし、皿に盛り付けて**ソース・バルサミコ**を流す。

ガルニチュール

1

2

3

4

6

ソース・バルサミコ

1

鴨のリエット
Rillettes de canard

リエットは、お肉を脂で煮てペースト状にした保存食。
鴨のリエットはフランスのヴォライユ屋（鶏肉屋）さんでは定番メニューの一つ。
バゲットや田舎パンにたっぷり塗って食べてみてください。
ワインのお供にもお勧めですよ。

直径7〜8cmのラムカン約4個分　所要時間3時間　難易度：★★★☆

〔ingrédients〕

鴨の脂　⇒ 15cm 片手鍋使用

| 鴨の皮 | 200g |

鴨のリエット　⇒ 15cm 片手鍋使用

| 鴨もも肉（骨付き） | 450g（4〜5本） |

肉から骨を外し、皮と筋を取って、1cm角に切る

| 豚ひれ肉 | 250g |

1cm角に切る

| 鴨の脂（→上記） | 70g |

A
| エシャロット※ | 25g |
| 玉ねぎ※ | 25g |

※それぞれ1cm角に切り、ティーバッグに入れる

| にんにく | 30g |

1cm角に切る

B
タイム※	7〜8本
ローリエ※	1枚
クローブ※	3粒

※合わせてティーバッグに入れる

白ワイン（辛口 / サンセール）	110g
フォン・ドゥ・カナール（→P135）	200g（150g + 50g）
塩	11g（8g + 3g）
キャトルエピス	4g（2g + 2g）
こしょう	1.2g（1g + 0.2g）
塩、こしょう	各適量

〔préparation〕

鴨の脂を作る。

(1) 鴨の皮を片手鍋に入れ、ごく弱火で脂が十分出るまで火にかける。
あまり強火にすると脂肪の苦味が移ってしまうので気をつけて。

(2) 後の工程で取り除きやすいように、鴨の皮をティーバッグに入れる。

〔recette〕

鴨のリエットを作る。

1　片手鍋に鴨もも肉、豚ひれ肉、鴨の脂を入れ、時々木べらで混ぜながら弱火で約10分煮る。**A**、にんにく、**B**、ティーバッグに入れた鴨の皮、白ワインを加え、弱火で1〜2分煮る。

2　沸騰したらフォン・ドゥ・カナール150gを加える。再び沸騰したら塩8g、キャトルエピス2g、こしょう1gを加える。

3　フタをして、オーブンで煮る。
［電子レンジオーブン、ガスオーブン：
130〜140℃で1時間］

4　一度オーブンから出してかき混ぜ、フォン・ドゥ・カナール50gを加える。味を見て、塩、こしょうをする。

5　再びオーブンで煮る。30分おきに様子を見る。
［電子レンジオーブン、ガスオーブン：
130℃で1時間30分〜2時間］

6　煮上がったら、塩3g、キャトルエピス2g、こしょう0.2gを加える。オーブンから出し、網の上に鍋をのせて自然に冷ます。

7　**A**、**B**をしっかり搾って取り出す（搾った汁は鍋の中に戻す）。鴨の皮も取り出す。

8　40℃くらいまで冷ましたら、フォークで肉をほぐす。ほぐし始めはまだ汁気がある。

9　ほぐすうちに、汁気がだんだん肉に含まれてくる。水分がなくなるまでよくほぐし、必要ならばさらに塩、こしょうで味を調える。

● 保存する時は・・・

空気が入らないようにラムカンなどに詰め、ラップなどでぴったりと覆い、4℃で保存する。15日以上保存する場合は、上から鴨の脂（分量外）を適量注いで固め、空気に触れないようにする。

鴨のリエット

7

8

9

Column 2　南仏生まれの「タプナード」

鴨のリエットほど頑張らなくても作れる、簡単ペーストを一品ご紹介しましょう。
それは南仏生まれの「タプナード」。
オリーブ、アンチョビ、にんにく、ケイパーなどを入れてフードプロセッサーで回すだけ。
どうです、簡単でしょう？　そのまま焼いたパンに塗って食べてよし！
セロリ、カリフラワー、人参など生野菜に添えてもよし！
焼いたなすの上に塗って食べたり、魚の片面に塗ってパン粉をつけてフライパンで焼いたりしてもよし！
いろんな料理に使えてとっても便利です。保存は2週間くらいを目安に。
とにかく、おいしいオリーブとオリーブ油があれば、おいしいタプナードが簡単に出来てしまうのです。

❁ タプナード　Tapenade
直径10cmのラムカン1個分　所要時間20分　難易度★☆☆☆

○ にんにく・・・・・・・・・・・・・・・・・・・・・・・・・・20g
○ A
　・オリーブ（ブラックまたはグリーン）・・・・・・・90g
　・オリーブの汁・・・・・・・・・・・・・・・・・・・・・・・7g
　・アンチョビ・・・・・・・・・・・・・・・・・・・・・・・・10g
　・ツナ缶詰・・・・・・・・・・・・・・・・・・・・・・・・・50g
　・ケイパー・・・・・・・・・・・・・・・・・・・・・・・・・10g
　・ローリエ（硬い葉脈は取り、細かく切る）・・・・1枚
○ オリーブ油・・・・・・・・・・・・・・・・・・・・・・・・15g
○ 黒こしょう・・・・・・・・・・・・・・・・・・・・・・8回挽く

① フードプロセッサーににんにくを入れ、ごく細かくなるまで回す。
② Aを加え、ペースト状になるまで回す。
③ オリーブ油、黒こしょうを加え、軽く回す。

野菜たっぷり、サラダ＆スープ

Les salades et les soups

サラダやスープは手軽に作れるので、
コース料理の前菜としても重宝します。
フランス料理だから、と肩肘張らず、
普段の家庭料理の一品として、ぜひ作ってみてはいかが？

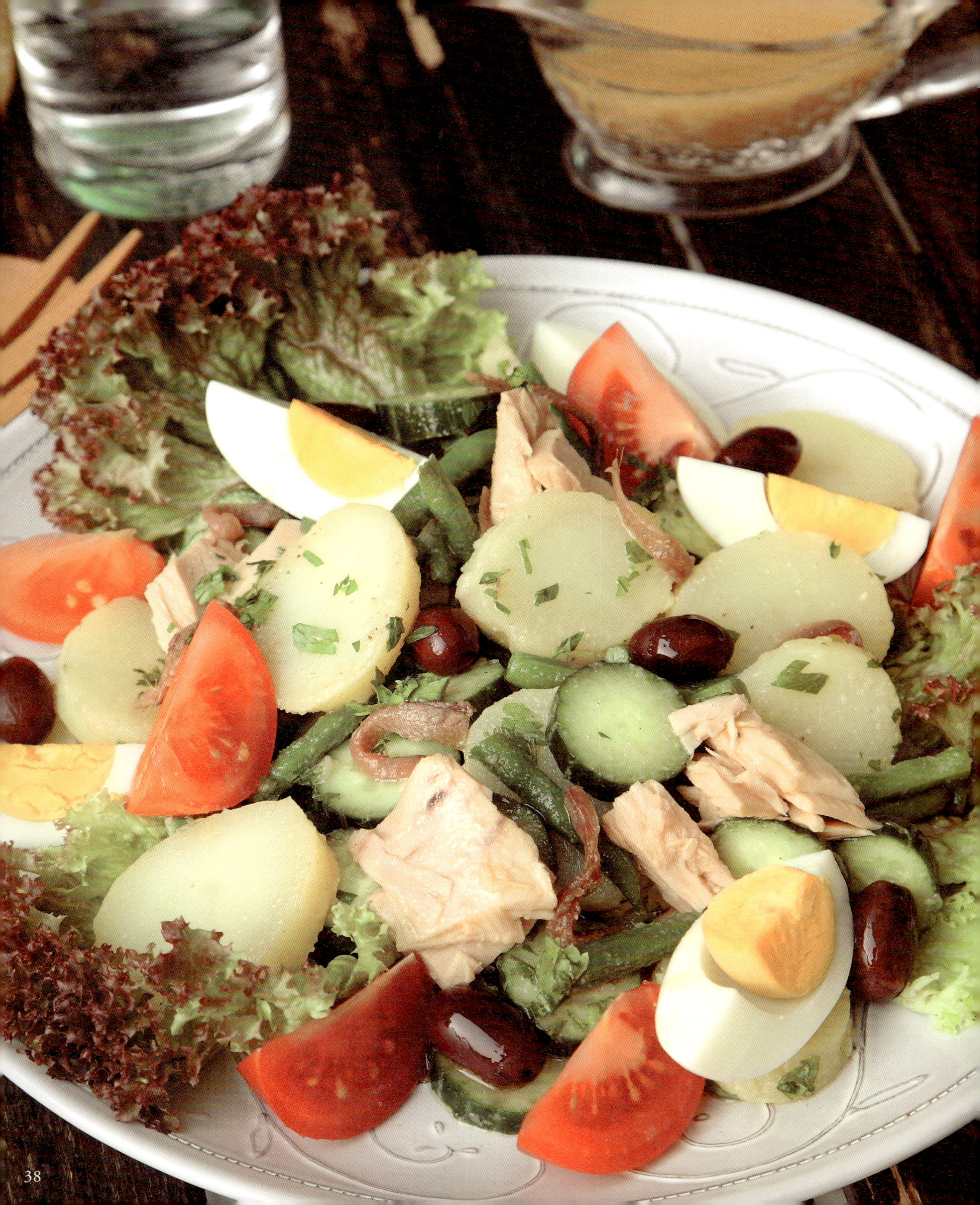

ニース風サラダ
Salade niçoise

南仏、ニースで穫れる野菜たちをたっぷり使ったサラダ。
各家庭でいろんなルセットゥがあると思いますが、
オリーブ、アンチョビ、トマト、いんげんなどが入っているのが昔ながらの「ニース風」。
材料を切ってドレッシングで和えるだけで、太陽の恵み、大地の匂いを感じるサラダに変身！
大皿にどっさり盛りつけて、皆でワイワイ取り分けて食べましょう。

5〜6人分　所要時間20分　難易度★☆☆☆

〔ingrédients〕

ソース

塩	6g
マスタード	20g
赤ワインビネガー	42g
オリーブ油	108g
こしょう	2g

サラダ

じゃがいも（メークイン）	320g
いんげん（なるべく細いもの）筋を取る	100g
サニーレタス（大きめの葉）ちぎる	2枚
A トマト（小ぶりのもの）皮ごと6等分のくし切り	4コ
固茹で卵 沸騰後10分茹で、4等分のくし切り	2コ
ツナ（缶詰・ブロックタイプ）	1/2缶(87.5g)
アンチョビ 縦半分にして8等分に切る	4枚
オリーブ（ブラックまたはグリーン）	8コ
イタリアンパセリ みじん切り	8g
きゅうり フォークで筋をつけ、厚さ3mmに切る	2本
こしょう	適量

〔recette〕

ソースを作る。

1　ボウルに塩、マスタードを入れ、混ぜ合わせる。さらに赤ワインビネガー、オリーブ油、こしょうを加え混ぜる。

サラダを作る。

1　じゃがいもは皮ごと硬めに茹で、熱いうちに皮をむき、厚さ5mmに切る。**ソース**を少々ふりかけて冷ます。
じゃがいもは必ず冷ましてから他の材料と混ぜるように！　温かいうちにソースで和えると、じゃがいもが必要以上にソースを吸って変に乾いた感じの仕上がりになってしまいます。

2　いんげんは塩茹でにし（少し歯触りが残るくらい）、すぐに氷水につけ、水気をきる。長さ3cmに切る。サニーレタスは氷水につけ、水気をきる。**A**の材料もそれぞれ切る。

3　ボウルに1のじゃがいも、2（サニーレタス以外）を入れ、**ソース**で和える。サニーレタスを敷いた皿に盛り、こしょうで味を調える。
出来上がりは表面がツヤッとした状態に。カサついていたらソースが足りないのでもう少し足してみて。

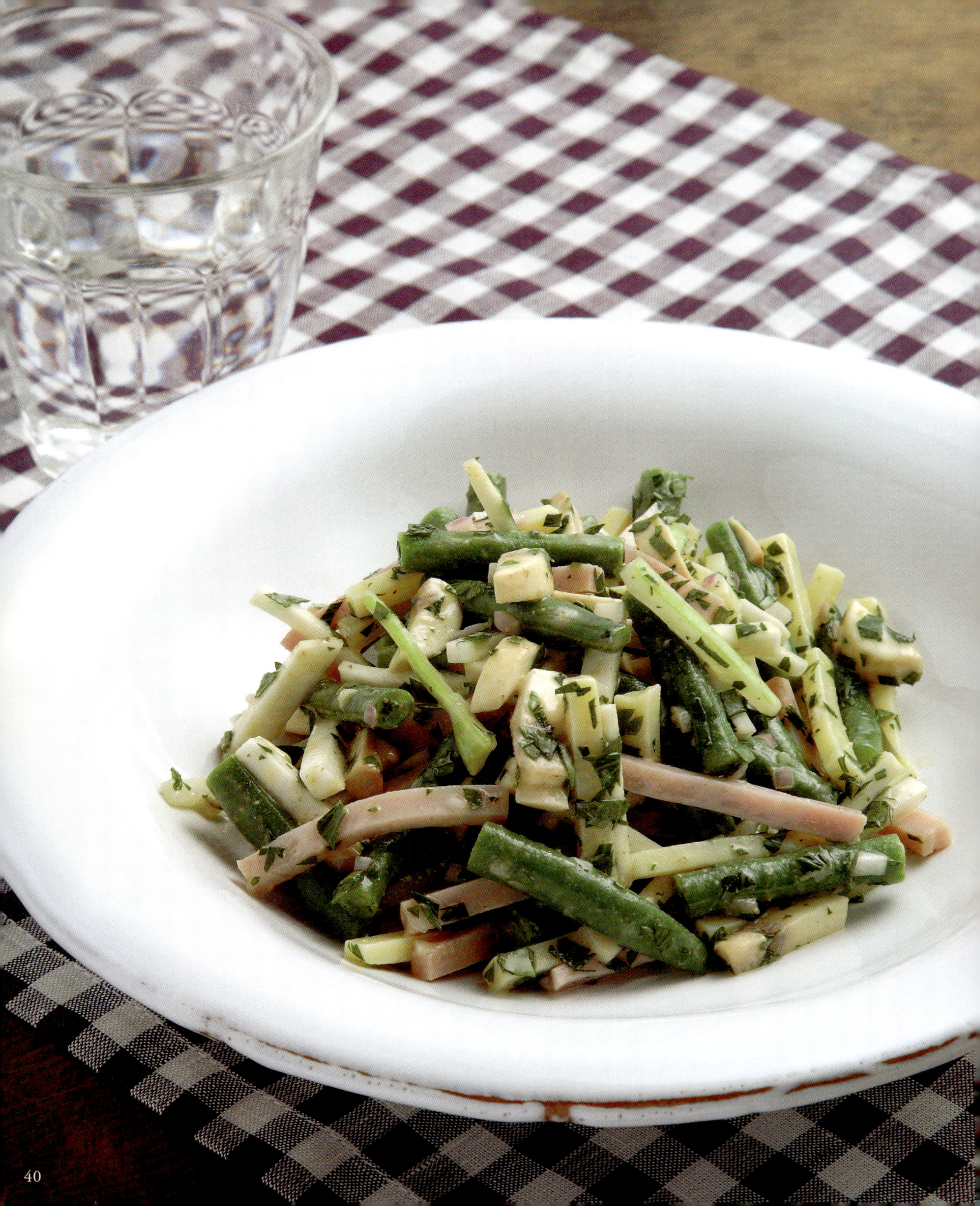

根セロリのサラダ
Salade céleri-rave

野菜、ハム、チーズをドレッシングで和えるだけ。
簡単で、香りもよく、彩りがきれいなサラダです。
根セロリの食感が、このサラダにアクセントを与えてくれます。

4人分　所要時間20分　難易度★☆☆☆

〔ingrédients〕

ソース

塩	2.4g
マスタード	16g
赤ワインビネガー	20g
オリーブ油	20g
ピーナッツ油	20g
白こしょう	10回挽く

サラダ

いんげん 筋を取る	120g
根セロリ 皮をむき、長さ4cmのごく細い千切り	80g
セロリ 筋を取り、長さ3cmのごく細い千切り	44g
ハム 幅3mm、長さ3.5cmに切る	50g
マッシュルーム 5mm角の棒状に切る	62g
エシャロット みじん切り	24g
イタリアンパセリ みじん切り	12g
グリュイエールチーズ 3mm角、長さ3cmに切る	60g

〔préparation〕

（1）いんげんは塩茹でにし、すぐに氷水につけ、水気をきる。長さ4cmに切る。その他の材料もそれぞれ切る。すべて冷蔵庫で冷やす。

〔recette〕

ソースを作る。
1　材料をすべて混ぜ合わせる。

サラダを作る。
1　ボウルにいんげん、根セロリ、セロリ、ハムを入れ、**ソース**を加え混ぜる。さらにマッシュルーム、エシャロット、イタリアンパセリ、グリュイエールチーズを加え、混ぜる。

ソース
1

サラダ
1

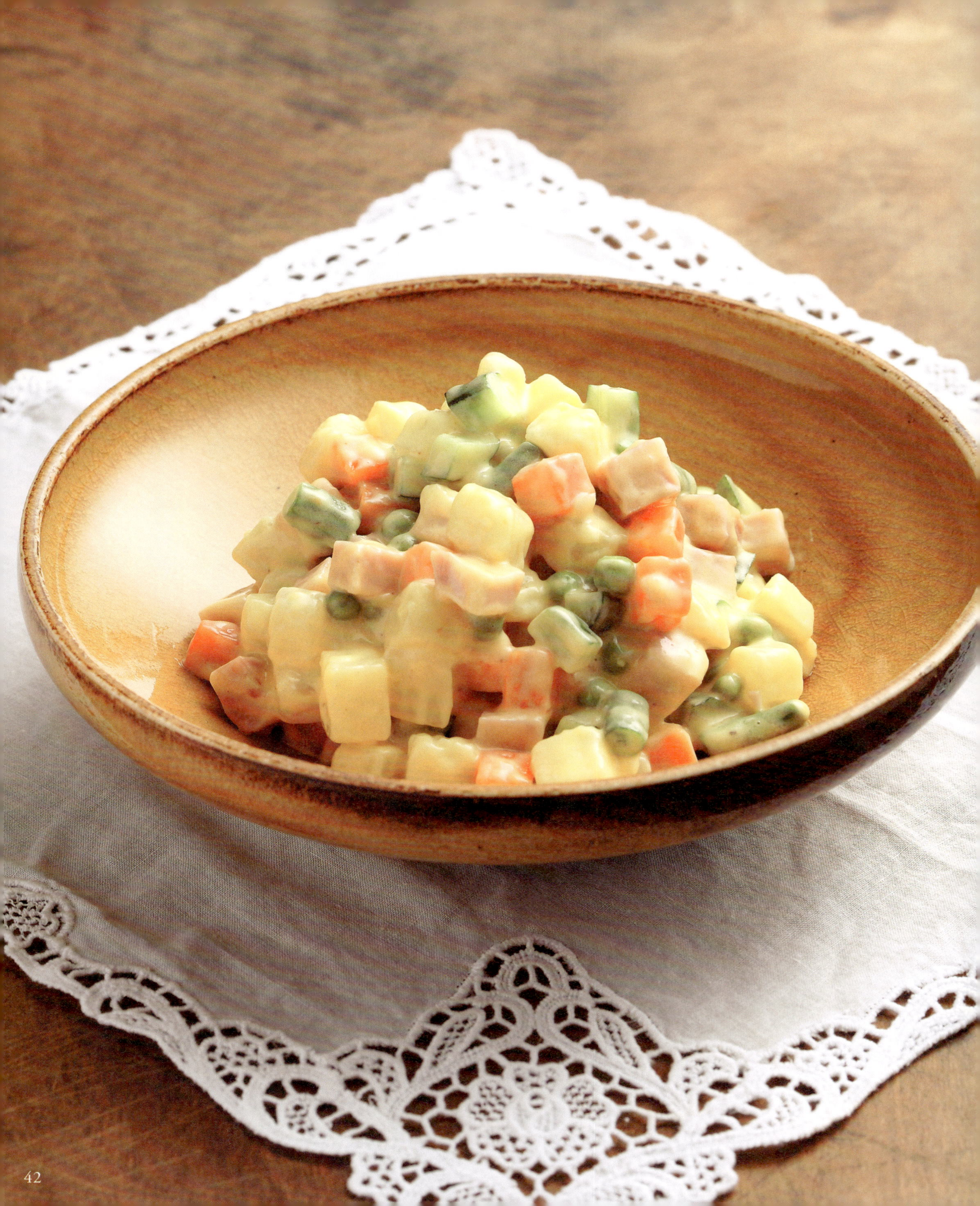

マセドワーヌ・サラダ
Macédoines de légumes à la mayonnaise

「マセドワーヌ」とはフランス語でグリーンピースくらいのさいころ状にカットすること。
このサラダは、野菜、ハム、チーズを小さなさいころ状にカットし、
マヨネーズで和えただけのシンプルで簡単なサラダです。
一番大事なのは、それぞれの野菜の茹で加減。少し歯触りが感じられるくらいがよいでしょう。
柔らかすぎると、おいしさが半減してしまいます。
マヨネーズは市販品でもよいですが、簡単ですので、ぜひ自家製で作ってみて。
びっくりするほど、おいしくなりますよ。

4人分　所要時間20分　難易度★☆☆☆

〔ingrédients〕

サラダ

じゃがいも（メークイン）	300g
グリーンピース（冷凍・フランス産）*1	50g
いんげん 筋を取る	50g
にんじん 8mm角に切る	150g
かぶ 8mm角に切る	2コ（約120g）
ハム（厚さ1cmのもの） 8mm角に切る	2枚（170g）
きゅうり 8mm角に切る	120g
オリーブ油	15g

マヨネーズ

マヨネーズ（→P137）	200g

memo
*1　グリーンピースはフランス産の冷凍を使っています。日本のものよりもやや小ぶりで、味がしっかりし、歯触りなども、こちらの方が断然おいしいです。もし手に入ったら、ぜひ使ってみてください。

〔préparation〕

(1) じゃがいもは皮ごと茹で、皮をむいて8mm角に切る。グリーンピースは熱湯（分量外）にサッとくぐらせ、解凍する。

(2) いんげんは塩茹でにし、すぐに氷水につけ、水気をきる。8mm角に切る。にんじん、かぶは別々に茹で、少し歯触りが残るくらいの茹で加減にする。ハム、きゅうりもそれぞれ切る。すべて冷蔵庫で冷やす。

〔recette〕

サラダを作る。
1　ボウルに冷やしておいた野菜とハムを入れ、**マヨネーズ**で和える。オリーブ油を加え、さらに混ぜる。

サラダ
1

地中海風クスクスのサラダ
Taboulé méditerranéen

クスクスのほろほろ、プツプツした食感と、
スペアミント、イタリアンパセリ、コリアンダーといった香草の香りが爽やかで、
彩りもとっても楽しいサラダです。
香草類、特にスペアミントは香りが強いものを使って下さい。

4人分　所要時間40分　難易度★★☆☆

〔ingrédients〕

サラダ

クスクス（中くらいの粒のもの）*1		100g
熱湯（沸騰したてのもの）		140g
オリーブ油		5g
A	塩	2つまみ
	オリーブ油	5g
玉ねぎ 5mm角に切る		30g
エシャロット みじん切り		10g
きゅうり 皮をむき、5mm角に切る		55g
パプリカ（赤・黄） 4mm角に切る		各24g
トマト（酸味のあるもの）		90g
サルタナレーズン		40g
レモンの果肉 3mm角に切る		40g
スペアミント※		12g
イタリアンパセリ※		12g
コリアンダー※		8g
※すべてみじん切り		

ソース

塩	2g
レモン汁	5〜8g
オリーブ油	15g
こしょう	適量
タバスコ	数滴

memo

*1 北アフリカやアラブ圏の人々が主食として食べている、セモリナ粉を細かい粒状にしたパスタの一種。今ではフランス、イタリア、スペインなど、ヨーロッパでもポピュラーな食べ物です。

〔préparation〕

（1）トマトは湯むき（→P136）して種を取り、5mm角に切る。ザルにあけて水気をきる。サルタナレーズンは熱湯（分量外）にサッとくぐらせ、すぐにザルにあけて水気をきる。レモンの果肉もザルにあけて水気をきる。その他の材料もすべてそれぞれの大きさに切る。トマトの酸味が足りない場合は、レモン汁（分量外）をふりかけてからザルにあけます。

（2）レモンの果肉、スペアミント、イタリアンパセリ、コリアンダー以外の（1）をキッチンペーパーの上にのせて水気をきり、ペーパーの上にのせたまま冷蔵庫で冷やす。水気を十分にきっておかないと、クスクスがべとついた仕上がりになってしまいます。

〔recette〕

サラダを作る

1　ボウルにクスクスを入れ、熱湯を5回に分けて加える。1回加えたら、クスクスをつぶさないようにゴムべらで丁寧に混ぜる。クスクスが湯を吸収したら次を加え、2回目の湯を加え混ぜたら、オリーブ油を1/4量ずつ、湯を加えるごとに加え混ぜる。

2　すべて加えたらラップをし、室温に10分おく。芯はないが食べると硬く感じるくらいになったら、蒸し器で5分蒸す。

3　クスクスが十分膨らんだら**A**を加え混ぜ、バットに広げてラップをして冷ます。冷めたら冷蔵庫に入れ、十分に冷やす。

4　ボウルに3のクスクスを入れ、玉ねぎ、エシャロット、きゅうり、パプリカ、トマト、サルタナレーズン、レモンの果肉を加え混ぜる。**ソース**の塩、レモン汁、オリーブ油、こしょう、タバスコを、味を確かめながら順に加える。

5　スペアミント、イタリアンパセリ、コリアンダーを加え、クスクスをつぶさないように丁寧に混ぜる。香草はかなり多めに、サラダ全体が薄いグリーンになるくらいに加えますが、その時により香りの強さが違うので、味を見ながら調整してください。

帆立貝とアボカドのサラダ
Salade de Saint-Jacques aux avocats

ドゥニ・リュッフェル氏の講習会で行われ、今は教室のメニューにもなっています。
ポイントは何と言っても帆立貝でしょう。貝柱が一番大きくておいしいのは10月から2月頃まで。
アボカドのグリーンと、酸味のきいた帆立貝のコントラストが美しく、爽やかな一品です。
おもてなしメニューにもお薦めですよ。

6人分　所要時間30分　難易度★☆☆☆

〔ingrédients〕

ソース

赤ワインビネガー	7g
シェリー酒ビネガー	5g
オリーブ油	15g
ピーナッツ油	20g
塩、こしょう	各適量

サラダ

A	塩	適量
	白こしょう	適量
	レモン汁	8g
	オリーブ油	16g
帆立貝の貝柱（生食用）		15コ（約420g）
1コを4〜5枚（1枚あたり厚さ約5mm）に切る		
クレーム・ドゥーブル		40g
ライム果汁 *1		5g
塩、白こしょう		各適量
B	パプリカ（赤） 長さ3〜4cmの千切り	40g
	きゅうり *2 3mm角、長さ3〜4cmに切る	2本（100g）
	エシャロット みじん切り	10g
	スペアミント 細かい千切り	1g
	松の実	15g
アボカド（大きめのもの）		3コ
レモン汁		適量
マーシュ		12g
アルファルファ		30g
フルール・ドゥ・セル		適量
白こしょう		適量
シブレット みじん切り		0.4g

memo

*1　ライム果汁はレモン汁で代用できます。

*2　きゅうりには、新鮮でパリンとした張りのある硬さと歯触りが必要です。種は取り除くので、種の多い、大きくなりすぎたきゅうりはこのサラダには合いません。

〔préparation〕

（1）マーシュはよく洗って水気をきり、葉を1枚ずつにする。

（2）松の実は170〜180℃のオーブンで、5〜6分軽くローストする。

〔recette〕

ソースを作る。

1　材料をすべて混ぜ合わせる。

サラダを作る。

1　**A**を合わせてマリネ液を作る。バットの内側に刷毛でマリネ液を塗る。帆立貝の貝柱を並べ、さらにマリネ液を塗る。

2　クレーム・ドゥーブルにライム果汁を少しずつ加え、ホイッパーで混ぜてのばす。塩、白こしょうで味を調え、**B**を和える。

3　アボカドは縦に一回り包丁の刃先を入れ、両手でねじって半分に割る。種に包丁を刺し、取り除く。

4　アボカドの皮をむき、レモン汁を塗って変色を防ぐ。盛り付ける直前に、縦に厚さ3〜4mmに切り、皿の一番外側に1周並べる。変色しないよう、刷毛でレモン汁を塗る。
少し深めの皿を用意します。アボカドは少しずつずらしながら円になるようにきれいに並べます。

5　アボカドの内側に少しずらして1を同様に並べる。さらにその内側にマーシュを同様に並べる。中央に2を盛る。

6　アルファルファをのせ、全体に**ソース**を回しかける。フルール・ドゥ・セル、白こしょうをし、シブレットを貝柱の上に散らす。

サラダ

1

3

松の実と鱈のサラダ
Salade de cabillaud aux pignons

このサラダは、もともとあんこうで作ったルセットゥですが、
家庭向けに手に入りやすい鱈を使って作り直しました。
いつもの材料が少しの工夫でごちそうに変わる瞬間は、
いつも、ワクワク、楽しいものです。
ソース・アメリカンをベースにした個性的な味わいのソースが、
全体を温かく、しっかりとつなぎとめ、印象的な一皿に仕上がりました。
あんこうが手に入る季節なら、ぜひあんこうでも作ってみてください。

4人分　所要時間1時間　難易度★★☆☆

〔ingrédients〕

ソース

ソース・アメリカン（缶詰）	250g（200g+50g）
卵黄	36g
マスタード	6g
オリーブ油	30g
ピーナッツ油	26g
塩	4g
白こしょう	適量（多めに）
生クリーム（35%）	6g

サラダ

じゃがいも（メークイン）*1	400g
いんげん 筋を取る	120g
アーティチョーク（冷凍）*2	190g
オリーブ油	適量
ベーコン 5mm角、長さ3cmの棒状に切る	50g
松の実	80g
鱈の切り身	250g
フュメ・ドゥ・ポワソン（→P134）*3	適量
トマト（小）	2コ（240g）
グリーンカール（大きめの葉）	100g

memo

*1　新じゃがの季節であれば、皮付きのまま作ってみてください。

*2　生のアーティチョークを使う場合は、水1ℓに薄力粉30g、オリーブ油25g、粒こしょう・コリアンダー・塩各適量、レモン1/2コを入れて茹でます。

*3　ここで使うフュメ・ドゥ・ポワソンは、缶詰を薄めに割ったものでもよいです。湯で茹でてもよいのですが、フュメを使う方がよりおいしくなります。

〔préparation〕

（1）じゃがいもは皮ごと、竹串がやっと通るくらいの硬めに茹で、熱いうちに皮をむき、厚さ1cmのくし切りにする。いんげんは塩茹でにし（少し歯触りが残るくらい）、すぐに氷水につけ、水気をきる。長さ4cmに切る。

（2）アーティチョークは自然解凍し、冷凍臭を除くために、湯にオリーブ油（分量外）と塩（分量外）を加えてサッと茹でる。ザルにあけて2cm角に切る。
一手間加えるなら、オリーブ油で炒め、軽く塩、こしょうをしてもよいです。

（3）熱したフライパンにオリーブ油を入れ、ベーコンを炒める。少し焼き縮むくらいが目安。ザルにあけて油をきる。

（4）トマトは湯むき（→P136）して厚さ1.5cmのくし切りにする。グリーンカールは洗って水気をきる。

（5）鱈の切り身は2cm角、厚さ8mmに切り、フュメ・ドゥ・ポワソンで茹でてザルにあける。

〔recette〕

ソースを作る。

1　ソース・アメリカン200gは、1/2量の100gになるまで煮詰める。

2　ボウルに卵黄、マスタードを入れ、ホイッパーでよく混ぜる。オリーブ油、ピーナッツ油を少しずつ加え、さらに同様に混ぜる。

3　2に塩、白こしょう、1、ソース・アメリカン50g、生クリームの順に加え混ぜる。

サラダを作る。

1　ボウルにじゃがいも、いんげん、アーティチョーク、ベーコン、松の実を入れ、ソースで和える。鱈の切り身を加え、身が崩れないように軽く和える。

2　皿にグリーンカールを敷き、1とトマトを盛り付ける。

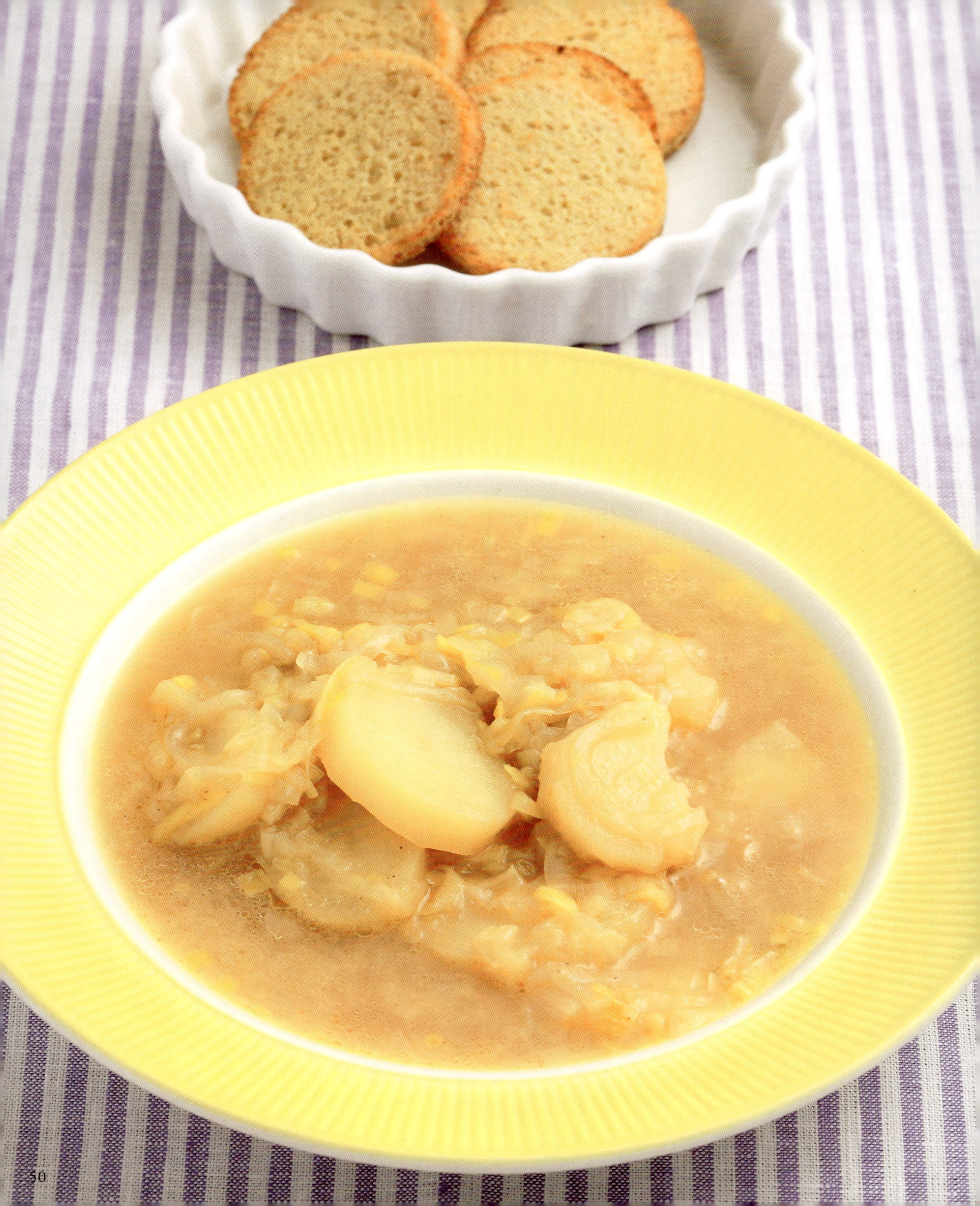

じゃがいものスープ
Soupe bonne femme

スープ・ボンヌ・ファム（直訳すると「良い婦人」という意味）は、
フランスで最もベーシックな「お袋の味」の一つです。
玉ねぎやポロねぎのちょうどいい甘みと、ホロッと煮崩れたじゃがいもの食感が癖になる、
優しく、温かい味わいのスープです。

4人分　所要時間1時間　難易度★☆☆☆

〔ingrédients〕

スープ　⇒ 24cm 深鍋使用

バター	60g（40g + 20g）
玉ねぎ	約300g
繊維に対して直角に包丁を入れ、薄切り	
ポロねぎ（白い部分のみ）	約200g
縦半分にして薄切り	
エシャロット	20g
薄切り	
じゃがいも（メークイン）	約540g
皮をむき、厚さ5mmに切る	
水	700g

A		
	ローリエ（小）	2～3枚
	塩	8g
	こしょう	適量
	グラス・ドゥ・ビアン（缶詰）*1	30g

付け合わせ

丸いクルトン（→P143）	適量

memo
*1　味わいが水っぽくならないよう、グラス・ドゥ・ビアンを加えています。

〔recette〕

スープを作る。

1　熱した鍋にバター40gを溶かし、玉ねぎを十分に炒める。続けてポロねぎ、エシャロットを加え、しんなりするまで炒める。
玉ねぎは飴色になるまで炒めると甘くなり過ぎるので、その手前で止めます。

2　バター20gを加え、じゃがいもを加える。じゃがいもが十分にバターを吸い込むまで炒める。

3　水を加え、沸騰したら**A**を加える。じゃがいもが十分に柔らかくなるまで30～40分煮る。
1/3ほど煮崩れるくらいが出来上がりの目安。野菜の水っぽさをあまり感じさせないために、玉ねぎ、ポロねぎは十分に炒めます。

盛り付ける。

1　温めた皿に盛り付け、別皿でクルトンを添える。

スープ
3

ミネストローネ
Minestrone

少ない油で野菜を炒めることで、野菜の表面が焦げ、
その香りがスープに力を与えます。
ごく短時間で煮ているのに、味に深みが出ます。
最後に加えるトマトペーストは、味も酸味も足りない日本のトマトに、
コントラストのはっきりした味わいをつけてくれます。

4人分　所要時間 30 分　難易度 ★☆☆☆

〔ingrédients〕

⇒ 9cm 片手鍋、15cm 片手鍋、18cm フライパン使用

オリーブ油		32g（14g+10g+8g）
玉ねぎ みじん切り		72g
ベーコン 1cm 角、長さ 4cm の棒状に切る		120g
A	固形ブイヨン（マギー）	2 コ + 3g
	湯	800g
	じゃがいも（メークイン） 1.2cm 角に切る	80g
	セロリ 1cm 角に切る	50g
B	にんじん 1cm 角に切る	60g
	いんげん 長さ 4cm に切る	90g
	にんにく 1cm 角に切る	70g
トマト		160g
塩		2g（0.6g+1.4g）
こしょう		5〜6 回挽く
グラス・ドゥ・ビアン（缶詰）		6g
レモン汁		6g
トマトペースト		62g（50g+12g）
ローリエ（小）		1 枚
にんにく ごく細かいみじん切り		13g
ナツメグ		適量
パルメザンチーズのすりおろし		5.2g

〔préparation〕

（1）トマトは湯むき（→ P136）し、1.5cm 角に切る。その他の野菜もそれぞれ切る。
トマトは種と種の周りに味があるので、種は取りません。

〔recette〕

1　熱した片手鍋（9cm）にオリーブ油 14g を入れ、玉ねぎを入れる。しんなりしたら弱火にし、フタをして蒸し煮にする。十分に柔らかくなったらフタを取り、さらにペタッとした感じが出て、飴色になるまで炒める。

2　熱したフライパンにオリーブ油 10g を入れ、ベーコンを強火で炒める。表面がカリッとし、中はまだ柔らかいくらいが目安。ザルにあけて油をきる。
炒め過ぎると中心まで熱が入り、ベーコンの味も香りも変化し、肉の旨味が抜けてしまうので気をつけましょう。

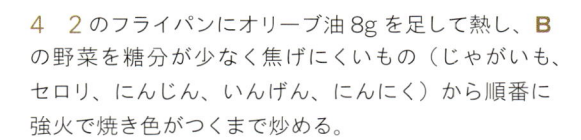

3　A のブイヨンを用意する。片手鍋（15cm）に湯を沸かし、固形ブイヨンを加えて溶かす。

4　2 のフライパンにオリーブ油 8g を足して熱し、B の野菜を糖分が少なく焦げにくいもの（じゃがいも、セロリ、にんじん、いんげん、にんにく）から順番に強火で焼き色がつくまで炒める。

5　3 の鍋に 4 の野菜、トマト、2 のベーコン、塩 0.6g、こしょう、グラス・ドゥ・ビアン、レモン汁、トマトペースト 50g、ローリエを加えて煮る。アクを取り、1 の玉ねぎを加えて 8 分煮る。塩 1.4g を加えて、さらに 1 分煮て火を止める。
塩は 2 回に分けて加えることで、野菜からまた味が出てきます。

6　にんにくのみじん切りを加え、2 分蒸らして生のにんにくの辛味を飛ばす。
日本のにんにくは火を通すと香りがなくなるので、生のものを加えることで香りを補います。

盛り付ける。

1　温めた皿に盛り付ける。トマトペースト 12g（1 人分 3g）をスープ適量で溶いて加え、ナツメグ、パルメザンチーズのすりおろし（1 人分 1.3g）をかける。
ナツメグは多めにかけると全体の香りの膨らみがより出てきます。

アスパラガスのポタージュ
Potage d'asperges

ドゥニ・リュッフェル氏講習会に登場したメニューから。
春の息吹を感じさせてくれる、きれいなグリーンアスパラガスのポタージュです。
煮る時間はアスパラガスの質や量によって異なりますので、
煮すぎてしまった場合はフォンを足して調整してください。
アスパラガスは新鮮なものを、ハーブも香りのあるものを選ぶことで、一段とおいしくなります。

4人分　所要時間50分　難易度★★☆☆

〔ingrédients〕

ポタージュ　⇒ 21cm 寸胴鍋使用

バター	75g
ポロねぎ（白い部分） 縦半分にし、厚さ5mmに切る	50g
ポロねぎ（緑の部分）*1 縦半分にし、厚さ幅5mmに切る	50g
アスパラガスの根元 根元の部分を約6cm、穂先の部分を7cm 切り分け、皮をむき、長さ2.5cmに切る	850g
フォン・ドゥ・ヴォライユ(→P130)	900g
じゃがいも（メークイン）*2 皮をむいて、縦半分にし、厚さ1cmに切る	115g
生クリーム（35%）	125g
塩	2g
白こしょう	適量

ガルニチュール　⇒ 15cm 片手鍋使用

バター	23g
アスパラガスの穂先 厚さ3mmの斜め薄切り	100g
水	少量
塩	2.5g
白こしょう	適量

仕上げ

シブレット みじん切り	10g

memo
*1 ポロねぎの緑の部分は、グリーンの色をきれいに出すために使います。

*2 じゃがいものでんぷんをつなぎの役目で使います。水にさらすとでんぷん質を損なうので、ここでは水にさらしません。

〔recette〕

ポタージュを作る。

1　熱した鍋にバターを溶かし、ポロねぎの白い部分と緑の部分を炒める。しんなりして水分が出てきたら、アスパラガスの根元の部分を加える。

2　フォン・ドゥ・ヴォライユとじゃがいもを加え、強火で全体を沸騰させたら、軽くフツフツするくらいの弱火にして、フタを少しずらし約30分煮る。
沸騰させすぎるとアスパラガスの淡い味わいが消えてしまいます。

3　フードプロセッサーにかける。煮汁が多く残っている場合は、具と煮汁を分け、具のみをフードプロセッサーにかけてペースト状にする。

4　さらにミキサーにかけ、裏ごしする（味を見て濃いようなら3の煮汁を加える）。
まずフードプロセッサーで固形物を撹拌してペースト状にし、その後ミキサーにかけることでより滑らかな舌触りになります。

5　鍋に戻して火にかける。生クリームを加え、塩、白こしょうで味を調える。

ガルニチュールを作る。

1　熱した鍋にバターを溶かし、アスパラガスの穂先を炒める。しんなりして水分が出てきたら水を加え、塩、白こしょうをする。フタをして、軽く歯触りが残るくらいまで煮る。
フタをすることで、野菜そのものの水分で煮ます。

2　水分がなくなったら、**ポタージュ**工程3で取り分けた煮汁を少し足す（出来上がりは水分がほとんどない状態）。

盛り付ける。

1　**ポタージュ**を火にかけ、**ガルニチュール**とシブレットを加え、サッと煮る。温めた皿に盛り付ける。

ポタージュ

3

4

Column 3　　フランス料理によく登場する野菜のこと

日本でも以前に比べるといろいろな食材が手に入りやすくなりました。
ここではフランス料理によく使われる、日本ではあまり馴染みのない野菜を紹介します。

根セロリ
Céleri-rave

丸く、ごろんとした、根を肥大化させたもので、通常の茎セロリとは別品種。味は癖がなく繊細。マヨネーズやドレッシングなどとの相性もよいのでサラダに最適です。

フヌイユ
Fenouil

英名はフェンネル。日本語名はウイキョウ。せり科で、食感はセロリに似ています。球形の株部分をサラダにしたり、スープや煮込み料理の香味野菜として使います。葉は飾り付けやマリネの香り付けに使います。

ポロねぎ
Poireau

地中海沿岸原産。緑の部分はブーケガルニを作る時に、白い部分は香味野菜としてよく使われます。煮込むといい味が出るので煮込み料理には欠かせません。手に入らなければ下仁田ねぎで代用を。

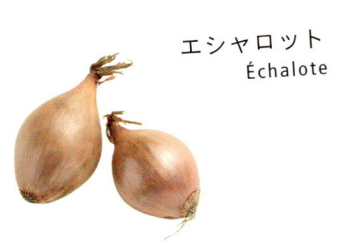

シブレット
Ciboulette

英名はチャイブ。見た目はあさつきによく似ており、さまざまな料理の薬味に使ったり、みじん切りにしたものを料理の仕上げに散らしたりして使います。

エシャロット
Échalote

玉ねぎをそのまま小さくしたような形で、にんにくと玉ねぎの中間のような風味。フランス料理には欠かせない香味野菜の代表選手です。加熱することで旨味が増します。手に入らない時は玉ねぎで代用できます。

アンディーブ
Endive

英名はチコリ。秋から冬にかけてが旬で、白菜を小さくしたような姿をしています。独特の香りと苦味があります。本書では料理の付け合わせに使っています。

マーシュ
Mâche

英名はコーンサラダ。フランス生まれの野菜で、少し丸まった葉の形が羊の耳に似ていることからラムレタスとも呼ばれます。フランスでは冬のサラダ野菜として食べられています。

魚を使ったメインディッシュ

Les poissons

魚に関しては日本の方がおいしいと思っていましたが、
フランスで魚料理を食べてみて、
そのおいしさに驚き、考えが一変してしまいました。
とにかく日本の魚の味わいが希薄なのです。
家庭で作りやすいように、
魚1尾分の骨でフュメをとってソースを作るルセットゥを考えました。

カレイのポワレ　クリームソース
Limande à la crème

本来、舌平目を使いたいところですが、一年中、手に入りやすいカレイで作りました。
カレイは、身に厚みがあるものを選ぶといいでしょう。
1尾丸ごと買い、骨で簡単にとてもおいしいフュメを取ります。
このフュメがソースになるのですから、まさに家庭料理です。
シブレットやナツメグのきいたクリームソースは、あっさりした白身の魚とよく合います。
付け合わせにはじゃがいものグラッセを添えて。

4人分　所要時間50分　難易度★★☆☆

〔ingrédients〕

フュメ・ドゥ・ポワソン

⇒ 15cm 片手鍋使用

澄ましバター（→ P136）	30g
エシャロット みじん切り	60g
マコガレイの骨	2 枚
水	300g
白ワイン（辛口 / サンセール）	100g
塩	適量

カレイのポワレ

⇒ 16cm フライパン、18cm フライパン使用

A	マコガレイ　2 尾（1 尾 500 〜 600g）	
	塩、白こしょう	各適量
澄ましバター（→ P136）		45g（15g+30g）
エシャロット みじん切り		60g
白ワイン（辛口 / サンセール）		240g

ソース

⇒ 15cm 片手鍋使用

フュメ・ドゥ・ポワソン（→上記）	110g
生クリーム（35%）	240g
牛乳	16g
バター	30g
塩（味を見て加減する）	4.8g
白こしょう	12 回挽く
シブレット みじん切り	12g
ナツメグ	適量
ルー（→ P137）	適量

付け合わせ

じゃがいものグラッセ（→ P139）	適量

〔préparation〕

（1）マコガレイは 5 枚におろし（→ P144）、塩、白こしょうをする。骨はフュメ用に小さめに切る。

〔recette〕

フュメ・ドゥ・ポワソンを作る。

1　片手鍋に澄ましバターを溶かし、あまり色がつかないように気をつけながら、エシャロットを香りが出るまで炒める。

2　小さめに切ったカレイの骨を加え、炒める。表面が白くなったら水、白ワインを加える。沸騰したら塩を加え（塩味を感じるくらい）、アクを取って 15 分煮出す。ザルにあけてこす。

カレイのポワレを作る。

1　フライパン（16cm）に澄ましバター 15g を溶かし、エシャロットが軽くしんなりするまで炒める。

2　フライパン（18cm）に澄ましバター 30g を溶かし、カレイの両面に薄く色がつく程度に焼く。
強い焼き色がつくまで焼くと、魚本来のほんわりした味やソースの味が、はっきりしない、ドロッと濁った味になるので気をつけて。

3　2 に 1 のエシャロット、白ワインを加え、フタをして 2 〜 3 分蒸し煮にする。カレイは取り出し、100℃のオーブンに入れて保温する。フライパンに残った蒸し汁はこし器でこし、**フュメ・ドゥ・ポワソン**に加える。

ソースを作る。

1　鍋に**フュメ・ドゥ・ポワソン** 110g を入れる。指にとった時に少しぬめりがあり、魚の味わいをしっかり感じるくらいまで煮詰める。
魚のダシの出具合によって煮詰め具合は異なります。

2　生クリーム、牛乳を加える。ごく弱火にして片手鍋を揺すりながらバターを少しずつ加え混ぜ、滑らかで艶やかになるように仕上げる。

3　塩、白こしょう、シブレット、ナツメグを加える。とろみが足りなければルーを加える。
決して沸騰させないこと！　ここでは生クリームの温かいフワッとした味がはっきり感じられるソースにしたいので、加熱で味が濁らないように注意します。

盛り付ける。

1　温めた皿に**カレイのポワレ**をのせ、**ソース**をたっぷり流し、**付け合わせ**のじゃがいものグラッセを添える。

フュメ・ドゥ・ポワソン

1

カレイのポワレ

2

ソース

1

2

スズキのロースト　クミン風味ソース
Loup rôti beurre blanc au cumin

オリーブ油でローストしたスズキは、皮はパリッと香ばしく。
付け合せにはキャラメリゼしたアンディーブのグレープフルーツ煮を添え、
甘みと酸味のバランスの取れたソースでいただきます。
時間が経つと水分が出てきて香ばしさがなくなってしまうので、
とにかく出来あがったらすぐに食べることです。

4人分　所要時間1時間30分　難易度★★☆☆

〔ingrédients〕

アンディーブのキャラメリゼ
グレープフルーツ煮 ⇒24cm フライパン使用

グレープフルーツジュース	400g
（果汁100%・果肉なし）	
バター	30g
アンディーブ（大）	4本
なるべく芯を切り離さないようにして半分（大きいものは1/4）に切る	
グラニュー糖	20g
塩、こしょう	各適量

スズキのロースト ⇒24cm フライパン使用

A	スズキ	4切れ（1切れ160g）
	塩	10g
塩、こしょう		各適量
セーグル粉（ナチュラル）		適量
オリーブ油		適量

ソース ⇒15cm 片手鍋使用

澄ましバター（→P136）*1		12g
エシャロット		40g
みじん切り		
A	白ワイン（辛口/サンセール）	160g
	赤ワインビネガー	40g
	ノイリー酒 *1	80g
白ワイン（甘口/ソーテルヌ）		60g
塩		4g
こしょう		適量
バター		230g
クミンシード		3g
粗めに挽くか、細かく刻む		

memo
*1 フランス南部ラングドック＝ルション地方マルセイランで生まれたドライベルモット。魚料理のソースによく使われます。

〔préparation〕

(1) スズキは3枚におろし（→P144）、1切れ160gにカットする。両面に塩10gをふって30分ほどおく。

〔recette〕

アンディーブのキャラメリゼを作る。

1　グレープフルーツジュースは1/4量の100gになるまで煮詰める。

2　熱したフライパンにバターを溶かし、アンディーブを焼く。両面にこんがりと焼き色がついたら取り出す。
グレープフルーツジュースは酸が強いので、フライパンは鉄製ではなくアルミかホウロウを使いましょう。

3　2のフライパンにグラニュー糖を加えてキャラメリゼし、1を加え、中火で少し煮詰める。グラニュー糖がきちんと溶けるくらいが目安。
キャラメリゼとは、砂糖をキャラメル状に煮詰めること。

4　2のアンディーブを戻し入れ、くたっとならないように注意して煮る。塩、こしょうで味を調える。

スズキのローストを作る。

1　スズキから出た水気をキッチンペーパーでふき、軽く塩、こしょうをし、セーグル粉を皮目だけにつける。

2　熱したフライパンにオリーブ油を多めに入れ、スズキを皮目から強火で焼く。皮がカリッとし、2/3くらいまで火が通ったら火を弱め、裏返して焼く。

ソースを作る。

1　**スズキのロースト**と同時に**ソース**を作り始める。熱した片手鍋に澄ましバターを溶かし、エシャロットを炒める。しんなりしてきたら**A**を加え、100～120gになるまで煮詰めてこし器でこす。鍋に戻し、白ワインを加え混ぜ、塩、こしょうをし、バターを少しずつ加え混ぜ、沸騰させないように気をつけながらとろみをつける。

2　クミンシードを加え混ぜる。塩味が十分でないと酸味と甘みがバラバラになるので気をつけて。甘味が足りない時は白ワイン（甘口）を加える。

盛り付ける。

1　温めた皿に**スズキのロースト**をのせ、**アンディーブのキャラメリゼグレープフルーツ煮**を添え、**ソース**を流す。

アンディーブのキャラメリゼ
2 
3 
4

スズキのロースト
2

ソース
2

帆立貝のソテー
Sauté de Saint-Jacques

帆立貝のコライユ（内臓を裏ごしたもの）をソースに使うので、
ぜひ殻付きのものを入手してください。
コライユは冬から春にかけて大きくなるので、
この料理は10月から2月くらいまでが天然の帆立貝で作りやすい季節です。
ワイルドライスとタイ米を炒めたものを添えていただきます。
柔らかい帆立貝の歯触りと、カリカリの食感のライスのコントラストが楽しい一皿です。

4人分　所要時間50分（ワイルドライスの浸水4〜5時間あり）　難易度★★☆☆

〔ingrédients〕

帆立貝のフュメ　⇒ 15cm片手鍋使用

バター	15g
エシャロット みじん切り	26g
帆立貝のひも 長さ3〜4cmに切る	12コ分
白ワイン（辛口/サンセール）	240g
水	120g

帆立貝のソテー　⇒ 24cmフライパン使用

帆立貝の貝柱	12コ
塩、こしょう	各適量
バター	15g

ソース　⇒ 15cm片手鍋使用

帆立貝のフュメ（→上記）	200g
バター	150g
帆立貝のコライユ*1	80g
白ワイン（辛口/サンセール）	50g（30g+20g）
生クリーム（35%）	60g
塩、こしょう	各適量
ナツメグ	適量

ワイルドライスのソテー　⇒ 15cm片手鍋、18cmフライパン使用

	ワイルドライス*2	50g
	水	160g
A	バター	15g
	塩	2つまみ
	こしょう	適量
	タイ米	170g
B	バター	40g
	水	230g
塩、こしょう		各適量

memo

*1　帆立貝の内臓（ピンク色になっている部分）。季節によって大きさが異なります。

*2　名前は「ライス」ですが、お米ではなく、稲の原種であるイネ科マコモ属の草の実。

〔préparation〕

（1）帆立貝はナイフを使って貝殻をむき（→P145）、貝柱とひも、コライユに分ける。コライユは裏ごしする。

〔recette〕

帆立貝のフュメを作る。

1　熱した片手鍋にバターを溶かし、エシャロットを弱火で炒める。しんなりしてきたら帆立貝のひもを加え、軽く炒める。白ワイン、水を加え、フツフツするくらいの弱火でアクを取りながら20分煮る。

2　1をこし、ソース用のフュメとする。

帆立貝のソテーを作る。

1　帆立貝の貝柱は両面に塩、こしょうをする。熱したフライパンにバターを溶かし、帆立貝の貝柱を強火で焼く。表面にこんがりと焼き色をつける。

ソースを作る。

1　片手鍋に帆立貝のフュメを入れ、火にかける。沸騰する手前でバターを加え、とろみをつける。
沸騰させると分離します。

2　裏ごしした帆立貝のコライユに、1を少しずつ加え、溶きのばす。

3　再度裏ごしして鍋に戻して火にかけ、白ワイン30gを加え混ぜる。生クリーム、塩、こしょうを加え、白ワイン20g、ナツメグを加える。

ワイルドライスのソテーを作る。

1　**A**のワイルドライスは水に4〜5時間浸ける。1粒2粒はじけてきたら、浸けていた水で25分炊き、10分蒸らして混ぜる。熱したフライパンにバターを溶かし、強火でワイルドライスを炒める。表面がカリカリになったら、塩、こしょうをする。

2　**B**のタイ米は、熱した片手鍋にバターを溶かし、米が薄いキツネ色になり、香ばしさが出るまでしっかり炒める。水を加えて17分炊き、10分蒸らしてよく混ぜる。1と混ぜ、塩、こしょうで味を調える。

盛り付ける。

1　温めた皿に**帆立貝のソテー**を盛り付け、**ワイルドライスのソテー**を添え、**ソース**を流す。

帆立貝のフュメ
1

帆立貝のソテー
1

ソース
2

3

金目鯛のポピエット　香草風味バターソース
Paupiettes de béryx aux herbes à la sauce au beurre et carotte glacée

2人分　所要時間50分（前日準備あり）　難易度★★★☆

「ポピエット」とはフランス語で肉や魚の薄切りに詰め物を巻き、火を通した料理のこと。
ここでは金目鯛のすり身を金目鯛の切り身で巻き、香草風味に仕上げています。
金目鯛は一年中買うことが出来ますが、旬は冬。寒い日のディナーの一皿に、お薦めです。
にんじんのグラッセを添え、白ワインとバターのソースをかけていただきます。

〔ingrédients〕

フュメ・ドゥ・ポワソン
⇒ 21cm 寸胴鍋使用

オリーブ油		適量
A	玉ねぎ※	70g
	ポロねぎ※	1/2 本
	エシャロット※	40g
	にんじん※	50g
	フヌイユ（株部分のみ）*1※	1/2 株 (150g)
※すべて 1.5cm 角に切る		
金目鯛のアラ（骨と頭）		1.6kg
白ワイン（辛口 / サンセール）		200g
水		2ℓ
塩		3g
B	ローリエ	1 枚
	イタリアンパセリ	2〜3 本
	タイム	2 本
	黒こしょう（ホウル）	10 粒
	にんにく	2 片
干だら（乾燥した状態）		50g
300g の水で戻す		

金目鯛のポピエット
⇒ 15cm 片手鍋使用

金目鯛のすり身		75g
全卵		22g
卵白		18g
塩		1g
クレーム・ドゥーブル		50g
フュメ・ドゥ・ポワソン（→上記）		100g
強力粉		2g
A	こしょう	3 回挽く
	カイエンヌペッパー	0.2g
B	セルフィーユ、エストラゴン、シブレット	各 4g
	みじん切り	
干だら（乾燥した状態）		5g
30g の水で戻す		
金目鯛の切り身		2 枚（1 枚 100g）

ソース
⇒ 15cm 片手鍋使用

フュメ・ドゥ・ポワソン（→左記）	300g
白ワイン（辛口 / サンセール）	30g
バター	40g
塩、こしょう、ナツメグ	各適量
ルー（→ P137）	適宜

付け合わせ

ミニキャロットのグラッセ（→ P139）	適量

memo
*1 フヌイユが手に入らなければセロリ 1 本で代用できます。

〔préparation〕

(1) 干だらは水に一晩浸ける。**フュメ・ドゥ・ポワソン**用は 300g の水で、**ポピエット**用は 30g の水で戻し、細かく刻む。

(2) 金目鯛は 3 枚におろし（→ P144）、皮を取り除く。このうち 75g はすり身用に取り分ける。

(3) (2) でおろした切り身は 1 枚 7cm × 15cm（100g 程度）に切ったものを 2 枚用意する。切り身用、すり身用は共に食品脱水シートに挟んで 8 時間脱水する。そのままではムースにするのにも、包むのにも水っぽく柔らかすぎるので、脱水シートで脱水します。

〔recette〕

フュメ・ドゥ・ポワソンを作る。

1　熱した鍋にオリーブ油を入れ、**A** の野菜を炒める。十分しんなりしたところに金目鯛のアラを加え、身の表面が白っぽくなったら白ワインを加え、軽く沸騰させる。さらに水を加えてアクを取り、塩、**B** を加える。軽くフツフツするくらいの弱火で 1 時間煮出す。

2　こし器でこし、戻した干しだらを加え、さらに 800g になるまで煮詰める。

3　**ポピエット**用に 100g を 1/10 量の 10g になるまで、**ソース**用に 300g を 1/3 量の 100g になるまで煮詰める。

次ページにつづきます⇒

つづき⇨

金目鯛のポピエットを作る。

1　金目鯛75gをフードプロセッサーにかけてペースト状にする。全卵、卵白、塩、クレーム・ドゥーブル、煮詰めた**フュメ・ドゥ・ポワソン**を順に3〜4回に分けて加える。強力粉も加えてよく混ぜ、目の細かいこし器で裏ごしし、ボウルに移す。
煮詰めたフュメと干だらが、香りを補います。

2　ボウルを氷水にあてて十分に冷やしながら、**A**、**B**、干だらを加え混ぜる。

3　金目鯛の切り身に2の1/2量ずつのせて巻き、ラップで包んで両端をたこ糸で縛る。

4　沸騰した湯（分量外）の中に3を入れ、鍋ごとオーブンで茹でる。
[電子レンジオーブン：200℃で17〜20分]
[ガスオーブン：180℃で16〜17分]
しっかりとした弾力が感じられるくらいが目安。
重みのある落しブタをしてガスの火で茹でても構いません。

5　4を厚さ3.5cmになるように切る。皿に盛り、**付け合わせ**のミニキャロットのグラッセを添え、ボウルなどでフタをして100℃のオーブンに入れて保温する。

ソースを作る。

1　煮詰めた**フュメ・ドゥ・ポワソン**に白ワインを加え、バターを加え混ぜる。塩、こしょう、ナツメグで味と香りを調える。味を見て白ワイン（分量外）を加える。もう少しとろみが欲しい時は、ルーを加えて調節する。

盛り付ける。

1　保温しておいた**金目鯛のポピエット**に**ソース**を流す。

金目鯛のポピエット
3
4

ソース
1

肉を使ったメインディッシュ

Les viandes

ロースト、コンフィ、カツレツ、ソテー・・・。
比較的短時間で作れる肉料理と、
ちょっと手が込んでますがクリスマスの鶏料理を紹介します。

鴨のロースト　オレンジソース
Canard à l'orange

鴨肉はフランスの家庭では定番のおもてなし料理。
オレンジと鴨肉の組み合わせ、というのは日本人にはあまり思いつかない発想かもしれませんが、
オレンジの酸味と甘み、キャラメリゼしたソースが、鴨肉と絶妙に絡み合います。
最近は大手スーパーや百貨店だけでなくネット通販などでも手に入れやすくなった鴨肉ですが、
どうしても手に入りにくければ合鴨や鶏で作ってもおいしいですよ。

5〜6人分　所要時間40分　難易度★★☆☆

〔ingrédients〕

鴨のロースト　⇒ 18cm フライパン使用

鴨むね肉	2枚（1枚250〜300g）
塩	8g
こしょう	適量
オリーブ油	適量
澄ましバター（→P136）	50g
玉ねぎ（甘みの少ないもの） 8等分のくし切り	120g
にんにく（大きめのもの） つぶす	10片

ソース　⇒ 26cm 浅鍋使用

オレンジの皮のジュリエンヌ※	1コ分
レモンの皮のジュリエンヌ※	1コ分
※→P 145	
白ワイン（辛口/サンセール）	260g
赤ワインビネガー	76g
グラニュー糖	100g
オレンジの果汁	480g
レモン汁	50g
グラス・ドゥ・ビアン（缶詰）	50g
塩	4g
こしょう	適量
ルー（→P137）	20g
バター	60g
オレンジのリキュール（40°）	50〜60g

仕上げ

オレンジのカルティエ（→P145）	適量
レモンのカルティエ（→P145）	少量

〔préparation〕

(1) **仕上げ**に使うオレンジ、レモンのカルティエを作っておく。

〔recette〕

鴨のローストを作る。

1　鴨むね肉は皮目に格子状に切れ目を入れ、両面に塩、こしょうをする。熱したフライパンにオリーブ油を入れ、鴨むね肉を皮目から強火で焼く。軽く焼き色がついたら火を弱め、皮がカリッとするまで5〜6分焼き、裏返してさらに2〜3分焼く。

2　別のフライパンに澄ましバターを溶かし、玉ねぎ、にんにくを炒める。玉ねぎに少し色がついたら1を加え、にんにくの表面に少し色がつくまで炒める。
ここで鴨肉に玉ねぎとにんにくの香りをつけます。

3　天板に2を移し、オーブンで焼く。
［電子レンジオーブン：230〜250℃で10分］
［ガスオーブン：210〜230℃で10分］
焼き上がったら120〜130℃のオーブンで保温する。

ソースを作る。

1　オレンジとレモンの皮のジュリエンヌは皮の苦味をあまり感じず、噛み切れる柔らかさになるまで茹でる。

2　鍋に白ワイン、赤ワインビネガーを入れ、底に少し残るくらいまで煮詰める。

3　グラニュー糖を加え、キャラメリゼ（明るめの茶色）する。

4　1、仕上げのカルティエを切り出した後のオレンジの皮、オレンジの果汁を加え、2〜3分煮詰めて320gにする。オレンジの甘みを見てレモン汁で調節し、こす。
オレンジに甘みがある時は酸味もしっかりある方がおいしいので、レモン汁を増やします。反対にオレンジの酸味が強い時はレモン汁を控えます。

5　グラス・ドゥ・ビアン、塩、こしょうを加え、軽く沸騰したらルーを加え、少しとろみをつける。さらにバターを加え、とろみに濃度をつける。最後にオレンジのリキュールで香りをつける。
日本のオレンジは香りが乏しいので、オレンジのリキュールで香りを補います。

盛り付ける。

1　**鴨のロースト**を1人前4〜5枚になるようにスライスして皿に盛り付ける。**仕上げ**のオレンジとレモンのカルティエを周りにおき、**ソース**をたっぷりかけ、オレンジとレモンの皮のジュリエンヌを散らす。

鴨のロースト

1

3

ソース

2

3

5

鴨のコンフィ
Confit de canard

低温の脂でじっくり煮るコンフィは、コツさえ分かれば作り方はとても簡単。
パティスリーでは、クリスマスのパーティーメニューとしても人気です。

4人分　所要時間2時間30分（前日準備あり）　難易度★☆☆☆

〔ingrédients〕

鴨のコンフィ　⇒ 20cm 片手鍋使用

鴨もも肉（骨付き）		4本（1本300g）
A	にんにくのすりおろし	26g
	塩	20g
	黒こしょう	適量
ガチョウの脂*1		1.3kg
黒こしょう（ホウル）		17粒
コリアンダーシード		20粒
ローリエ		1枚
クローブ		3粒
タイム		3本

じゃがいものフリット　⇒ 24cm フライパン使用

じゃがいも 皮をむき、厚さ4〜5mmに切る	250g
にんにく みじん切り	6g
イタリアンパセリ みじん切り	3g
塩、白こしょう	各適量
ガチョウの脂（鴨のコンフィで使用したもの）	適量

memo
*1　ガチョウの脂が手に入らなければ、ラードで代用できます。

〔préparation〕

（1）鴨もも肉全体に **A** をまぶし、十分しみ込むように全体をこする。深めの皿（またはバットなど）に入れ、ラップをして冷蔵庫に入れる。24時間経ったら取り出し、清潔なさらし布で肉をふく。
塩をした後は、余分な塩と血をとるために、さらし布でふきます。

〔recette〕

鴨のコンフィを作る。

1　鍋に鴨もも肉を覆うくらいのガチョウの脂を入れて煮溶かす。黒こしょう、コリアンダーシード、ローリエ、クローブ、タイムを加える。

2　鴨もも肉を入れ、ごく弱火で、脂が沸騰しないように加熱する。1時間経ったら裏返す。

3　オーブンで煮る。
［電子レンジオーブン：160℃で30分→150℃で15分］
［ガスオーブン：150℃で30分→140℃で15分］
骨がすっと外れるくらいまで加熱する。泡がおさまったらオーブンから出し、130℃で保温する。

じゃがいものフリットを作る。

1　じゃがいもに、にんにく、イタリアンパセリ、塩、白こしょうをまぶす。

2　フライパンに**鴨のコンフィ**で使ったガチョウの脂を入れ、1を表面がキツネ色になり、カリッとするまで揚げる。

盛り付ける。

1　温めた皿に**鴨のコンフィ**をのせ、**じゃがいものフリット**を添える。

鴨のコンフィ
2

● 保存する時は・・・

煮る時に使った脂の中で保存します。食べる時はフライパンまたはオーブンでしっかり温めて。

ウイーン風仔牛のカツレツ
Escalopes de veau à la viennoise

ウイーン風のカツレツといえば、固茹で卵を細かくしたもの、ケイパー、
オリーブの実をアンチョビで巻いたものを添えて、レモンバターソースでいただくのが正式なものです。
でも、イル・プルーで仔牛のカツレツといえば、これ。
付け合わせにするはずの固茹で卵、ケイパー、それにマッシュポテトも一緒にして衣の中に閉じ込め、
ボリュームたっぷりに仕上げました。
家庭で作るなら、豚肉でもおいしく出来ますよ。

2人分　所要時間40分　難易度★★☆☆

〔ingrédients〕

ガルニチュール

じゃがいも（メークイン）	76g
塩	1つまみ
こしょう、ナツメグ	各適量
固茹で卵の白身※	18g
固茹で卵の黄身※	10g
※沸騰後10分茹で、それぞれみじん切り	
ケイパー	16g
1粒を3〜4等分に切る	
バジル	7g
粗めのみじん切り	
グリュイエールチーズのすりおろし	40g
エダムチーズのすりおろし	6g

仔牛のカツレツ

仔牛ロース肉	2枚（1枚60g）
塩、こしょう	各適量
マスタード	40g
セーグル粉（ナチュラル）	適量
溶き卵	約2コ分
パン粉（→P143）	適量
こしょう、ナツメグ	各適量

揚げ油　⇒24cmフライパン使用

オリーブ油	適量

付け合わせ

レモン	1/3コ
くし切り	
バジル	適量

〔préparation〕

（1）仔牛ロース肉は、肉たたき（なければ小鍋の底などを使って）でたたいて厚さ3〜4mmにし、塩、こしょうをする。
肉が薄いのであまり塩をふりすぎないように気をつけましょう。

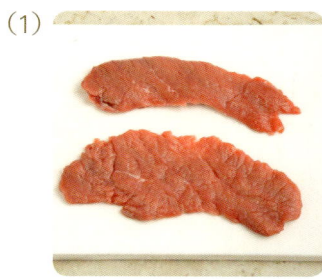

〔recette〕

ガルニチュールを作る。

1　じゃがいもは皮ごと柔らかめに茹で、熱いうちに皮をむき、つぶす。
冷めてからつぶすと粘りが出ておいしくないので、じゃがいもはつぶしてから冷まします。

2　塩、こしょう、ナツメグを加え混ぜ、固茹で卵の白身と黄身、ケイパー、バジル、グリュイエールチーズのすりおろし、エダムチーズのすりおろしを加え混ぜる。

仔牛のカツレツを作る。

1　ラップの上にたたいた仔牛ロース肉をのせ、片面にマスタード10gを塗る。**ガルニチュール**の1/4量をのせ、手のひらで強く押さえるようにしてつける。セーグル粉を茶こしでふるいかけ、ラップをのせて裏返し、裏面も同様にする。

2　フライ返しなどの上に1をのせ、崩れないように気をつけながら溶き卵、パン粉をつける。
しっかり衣をつけないと、茹で卵がはねることがあるので気をつけて下さい。

3　フライパンの高さ1.5cmくらいまでオリーブ油を入れ、170℃に熱して2を揚げる。表面がキツネ色になり、肉に火が通ってしっかり硬くなるまで少し時間をかけて揚げたら裏返し、もう片面も同様に揚げる。網の上で油をきる。

盛り付ける。

1　**仔牛のカツレツ**を皿に盛り付ける。こしょうをし、ナツメグをかけ、レモン、バジルを添える。

(1)

仔牛のカツレツ

1

2

3

仔羊背肉の香草風味焼き
Carré d'agneau persillé

仔羊の肉は脂身もおいしさの一つなので、必要以上に脂身を取らないで。
お肉のおいしさがしみこんだじゃがいもをたっぷり添えていただきます。

2人分　所要時間50分　難易度★☆☆☆

〔ingrédients〕

⇒ 24cm フライパン使用

オリーブ油	15g
仔羊背肉（フレンチラック）	4本（340g）
塩	1.5g
こしょう	1g
マスタード	16g

A
にんにく※	9g
パセリ※	4g
イタリアンパセリ※	4g
エシャロット※	4g
※すべて粗みじん切り	
パン粉（→P143）	8g

じゃがいも　1コ
皮をむかず、縦6つに切る

玉ねぎ　1/2コ
厚さ1.5cmの薄切り

にんにく　40g
1片を半分に切る。小さいものはそのまま

〔préparation〕

(1) 仔羊背肉はフレンチラック（4本骨のついているもの）を用意する。

(2) A を混ぜ合わせる。

〔recette〕

1　フライパンにオリーブ油を入れ、まだフライパンが冷たいうちに、仔羊背肉の脂身がついている側を下にして、5分焼く。

2　仔羊背肉を取り出し、塩、こしょうをする。脂身の側にマスタードを厚く塗り、A をたっぷりのせて手のひらで押さえる。

3　仔羊背肉を取り出したフライパンにじゃがいも、玉ねぎ、にんにくを入れ、軽く火を通し、2 を戻す。

4　オーブンで焼く。
[電子レンジオーブン：200〜210℃で20分]
[ガスオーブン：180〜190℃（上段）で18〜20分]
途中10分と、17分の時に、向きを入れ替える。
上面に十分に焼き色がつき、肉を指で左右から挟んでみるとパンパンに張っている状態まで焼く。

5　仔羊背肉は120℃のオーブンに移し、20分保温し、冷めないように寝かせる。じゃがいも、玉ねぎ、にんにくはさらにオーブンで焼き、十分よい焼き色がついたらオーブンから出す。
焼いてすぐにカットすると、肉汁や血が流れ出てしまいます。

6　仔羊背肉をオーブンから出し、骨が1本ずつ付いた状態にカットする。中がピンク色で、少し血がにじんだ状態がおいしさの目安。

盛り付ける。

1　皿にカットした仔羊背肉を盛り付け、じゃがいも、玉ねぎ、にんにくを添える。

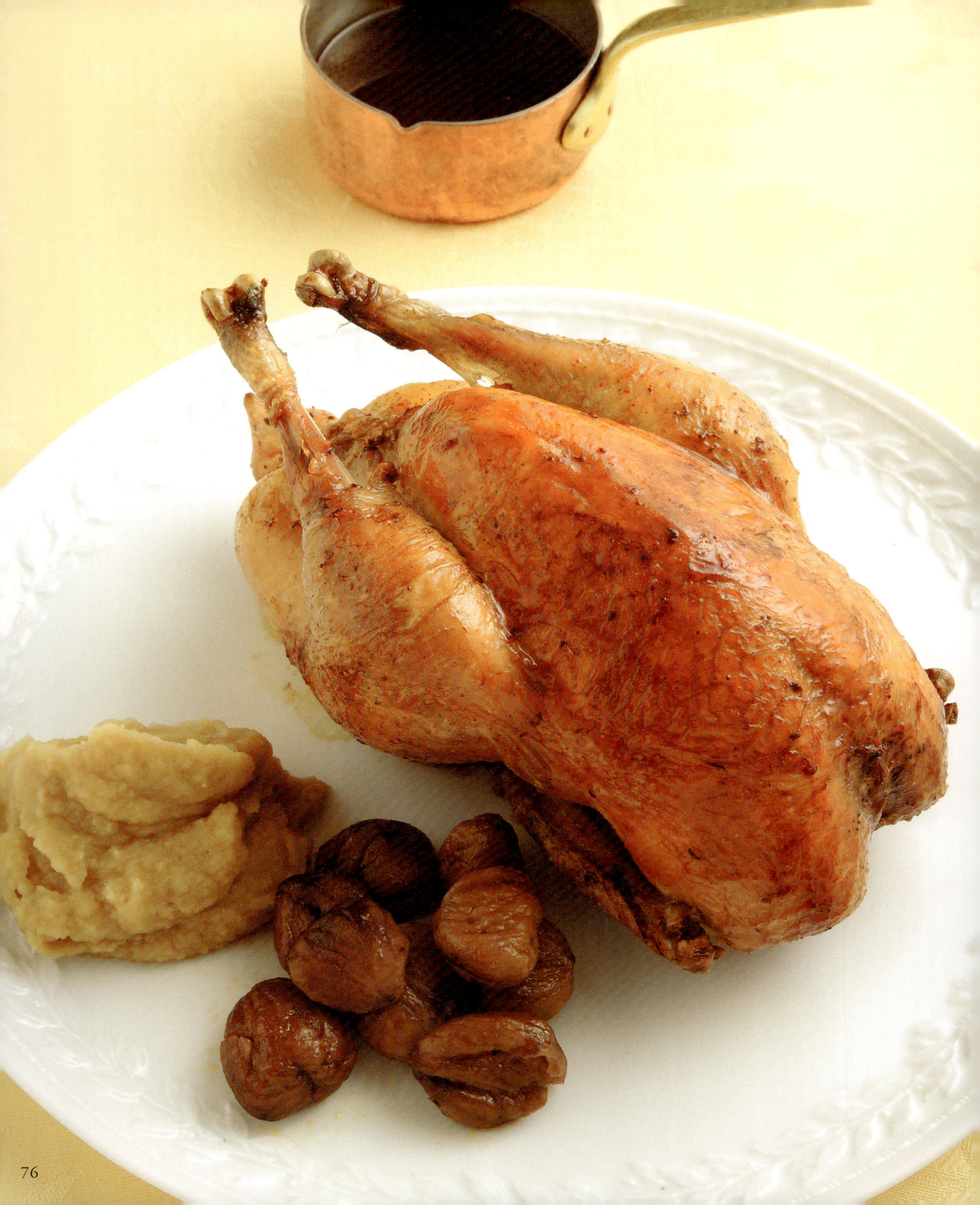

パンタード・ノエル（クリスマスの鶏料理）
Pintade de Noël

2007年にドゥニ・リュッフェル氏の講習会で発表されたメニューから、クリスマスのためのとっておきの一品。今ではイル・プルーのクリスマス講習会でも定番になりつつある、鶏料理をご紹介します。付け合わせやファルス（詰め物）にフランスの伝統的なクリスマスの食卓に欠かせないフォアグラやマロン・グラッセなどが使われて、まさに伝統的なフランスのクリスマスを表した一皿になっています。

毎年夏が近づくとフランスと日本では素材の味、質が異なるので、野菜探し、フルーツ探し、肉探しと、ドゥニさんの講習会のための材料探しが始まります。そして来日したドゥニさんに、用意しておいたフォンやフュメ・ドゥ・ポワソンなどを味見していただき、「このフォンはこの料理にはそのまま、こちらのソースには煮詰めて使いましょう」などとアドバイスをして頂きます。
また野菜や香草などは、フランスのものと比べて少し香りが弱かったり、苦味があったり、あるいはまったく使えない場合があり、その場で業者に問い合わせたりインターネットで探したりすることも。あらゆる手段で、ドゥニさんの料理のための適切な材料の調達に奔走します。
やがて試作が始まると、弓田はドゥニさんが作った料理の味見係となります。ここで弓田はすべての材料を一つ一つ吟味しながら試食し、その料理の中で、どの材料がフランスと違う味わいで、それが料理にどう影響しているのかも厳しく指摘します。その上でさらに、その料理をよりおいしくするための材料を探すのです。それは講習会の前日まで続きます。

このパンタード・ノエルの付け合わせのピュレは、ドゥニさんのオリジナルのルセットゥでは栗を使いますが、日本では、日本の材料に合わせてさつまいもと根セロリを組み合わせて作っていただきました。出来上がったピュレは、私たちの想像をはるかに超えたもので、そのおいしさに驚きました。

パンタード（ホロホロ鳥）も、最近はネット通販などで手に入りやすくなりましたが、それでも入手が困難であれば、鶏で作っても構いません。
少し手間はかかりますが、ファルスもすばらしいおいしさです。
ぜひ頑張ってチャレンジしてみてください。

4人分　所要時間4時間　難易度★★★★

〔ingrédients〕

ファルス

澄ましバター（→P136）	4g
エシャロット みじん切り	7g
にんにく みじん切り	4g
白ワイン（辛口/サンセール）	6g
ムース・ドゥ・フォアグラ *1	41g
豚ほほ肉 2〜3cm角に切る	120g
豚肩ロース肉 2〜3cm角に切る	120g

A
塩	2.4g
黒こしょう	1回挽く
キャトルエピス	0.5g
タイム	0.1g

全卵	22g

B
白ワイン（辛口/サンセール）	10g
マデイラ酒 *2	5g
コニャック（オタール）	4g

黒こしょう	6回挽く

パンタード　⇒ 24cm フライパン使用

ホロホロ鳥	1羽（1.5kg）
塩	1g
こしょう	適量
澄ましバター（→P136）	適量
ピーナッツ油	適量

茹で汁　⇒ 24cm 深鍋使用

にんじん 1.5cm角に切る	163g
玉ねぎ 1.5cm角に切る	88g
エシャロット 1.5cm角に切る	36g
にんにく 1.5cm角に切る	16g
セロリ 1.5cm角に切る	46g
ポロねぎ 1.5cm幅に切る	55g
ブーケガルニ（→P136） ローリエ1枚、タイム2本、 イタリアンパセリ3本で作る	1本
塩	6g
クローブ	1粒
黒こしょう（ホウル）	1.2g
コリアンダーシード	0.2g
フォン・ドゥ・ヴォライユ（→P130）	約3.5ℓ

ソース

濃いドゥミグラス（→P133）*3	200g
コニャック（オタール）	10g
塩	0.4g
黒こしょう	適量

マロン　⇒ 15cm 片手鍋使用

マロン（フランス産シャテーニュ・市販品）*4	241g
マデイラ酒	30g
塩	1.9g
こしょう、ナツメグ	各適量
軽めのドゥミグラス（→P133）*3	185g
バター	5g

ピュレ　⇒ 15cm 片手鍋使用

グラニュー糖	20g
シナモンパウダー	0.8g
水	635g
さつまいも 皮をむき、縦4つ、長さ2〜3cmに切る	283g
根セロリ 皮をむき、2〜3cm角に切る	95g
塩	2.7g（1g + 1.7g）
白こしょう	適量
バター	75g

memo

*1　アルカン社のムース・ドゥ・フォア（フォアグラ50%）を使っています。

*2　マデイラ・ワイン。ポルトガル領マデイラ諸島原産。香り高くコクがあり、フランスでは昔から肉料理のソースに使われてきました。

*3　濃いドゥミグラスは基本のドゥミグラスより煮詰めたものを、軽めのドゥミグラスは基本のドゥミグラスより薄めのものを使います。

*4　高級スーパーなどで「フランス産シャテーニュ」などの名前で売られているフランス産の真空パックの栗を使用しています。

〔préparation〕

(1) パンタードはバーナーであぶり、残っている毛を焼き、キッチンペーパーでこすり取る。中もきれいにふき取る。

〔recette〕

ファルスを作る。

1　熱したフライパンに澄ましバターを溶かし、エシャロット、にんにくを炒める。白ワインを加え、一度沸騰させて火を止める。冷蔵庫で冷やす。

2　ムース・ドゥ・フォアグラは木べらですりつぶして滑らかにする。

3　豚ほほ肉、豚肩ロース肉は、フードプロセッサーにかけ、4mmほどの粗挽きにする。
豚の粗挽き肉を使っても構いません。

4　3に1、2、**A**を加え、よく混ぜる。ほぐした全卵を2〜3回に分けて加え、肉の粘りが出てきたら、**B**を少しずつ加える。黒こしょうを加え混ぜ、冷蔵庫で30分寝かせる。

パンタードに詰めて焼く。

1　**パンタード**の内側に塩、こしょうをし、**ファルス**を詰める。

2　タコ糸で口を縫い、型崩れしないように縛る（→P147）。

3　鍋に2を入れ、**茹で汁**の材料をすべて加え、95℃を保ちながら約40分茹でる。茹で上がったら、パンタードの表面の水分をしっかりふき取る。
フォン・ドゥ・ヴォライユは、パンタードがひたるくらいの量に。

4　熱したフライパンに澄ましバターとピーナッツ油を入れ、3のパンタード全体に焼き色がつくように、向きを変えながら全面を焼く。

ファルス

4

パンタード

1

3

4

次ページにつづきます⇨

つづき⇨

パンタード
5

5　オーブンで焼く。
［電子レンジオーブン：240℃で30分］
［ガスオーブン：220℃で30分］
5分ごとに油をかけながら焼き面を変え、全体にキツネ色になるまで焼く。

ソースを作る。
1　**パンタード**を焼いたフライパン（油を取らずそのままで）に濃いドゥミグラスを入れ、デグラッセする。こし器でこし、コニャックを加えて強火で煮詰める。塩、黒こしょうで味を調える。
デグラッセとは鍋底にこびりついた焼き汁や煮汁に少量の液体（水やワインなど）を加えて煮溶かし、その旨味を利用する調理法のことです。

マロンを作る。
1　片手鍋にマロンを入れ、マディラ酒をふりかける。塩、こしょう、ナツメグ、軽めのドゥミグラス、バターを加え、フタをして軽く温める。

ピュレ
1

ピュレを作る。
1　片手鍋にグラニュー糖、シナモンパウダーを入れ、強火でキャラメリゼする。きれいな赤みがかったキャラメル色になったら水を加える。

2

2　さつまいも、根セロリを加え、塩1g、白こしょうを加え、フタをして弱火で煮る。

4

3　根セロリが竹串がスッと通るまで柔らかくなったら、さつまいも、根セロリを取り出す。
煮汁は以降の工程で使うので取っておきます。

4　3が温かいうちにフードプロセッサーにかけ、バターと3の煮汁125g、塩1.7g、白こしょうを加える。

5　4を裏ごしして鍋に戻し、温める。3の煮汁を適量加え、硬さを調節する。スプーンですくってお皿にのせた時に、ぽってりとした硬さが残っているように。
煮汁の量は、その時のピュレの硬さを見て調節します。

盛り付け
1

盛り付ける。
1　**パンタード**を、もも肉2枚、むね肉2枚、**ファルス**に切り分ける。

2　**パンタード**を一切れずつ皿に盛り付け、カットした**ファルス**、**マロン**、**ピュレ**を添え、**ソース**を回しかける。

フランス各地方の煮込み料理

Les cuisines régionales

コック・オ・ヴァンにブランケットゥ・ドゥ・ヴォー、
ポトフにカスレにブイヤベース・・・。
フランス各地方に昔から伝わる郷土料理を、日本の素材で再現しました。
こうした昔ながらの家庭料理は、食べると心も身体も
温かい気持ちになります。

鶏の赤ワイン煮
Coq au vin

ワインの産地ブルゴーニュ地方のスペシャリテ、コック・オ・ヴァン。
赤ワインのソースのおいしさを十分に楽しめる一品です。
フランス料理教室を始める前、出口の見えない試作を繰り返す日々を送っていた私のために、
ある日、弓田のフランス修業時代の盟友でもある四ツ谷・北島亭の北島シェフが
鶏の赤ワイン煮を作ってくれたことがあります。
味、作り方、ともに、その後の試作に大きな励ましと、ヒントをいただきました。

4人分　所要時間約3時間（前日準備あり＋煮た後1日寝かす）　難易度★★★☆

〔ingrédients〕

鶏の漬け込み

鶏（あれば地鶏）		1羽（約1.6kg）
A	にんじん※	80g
	玉ねぎ※	70g
	エシャロット※ ※すべて1.5cm角に切る	35g
	にんにく 半分に切る	25g
赤ワイン*1		1本（750ml）
オリーブ油		15g

鶏の赤ワイン煮
⇒ 24cm フライパン、21cm 寸胴鍋使用

塩		11g
こしょう		適量
セーグル粉（ナチュラル）		適量
オリーブ油		適量
B	にんじん※	170g
	玉ねぎ※	90g
	エシャロット※	75g
	セロリ※ ※すべて1.5cm角に切る	57g
	にんにく 半分に切る	25g
トマトペースト		16g
赤ワイン*1		1本（750ml）
C	グラス・ドゥ・ビアン（缶詰）	10g
	イタリアンパセリ	2〜3本
	塩	5g

ガルニチュール
⇒ 24cm フライパン使用

オリーブ油	10g
小玉ねぎ*2 半分に切る	8〜12コ
にんにく 薄切り	20g
ベーコン 1cm角、長さ3cmの棒状に切る	50g
マッシュルーム 薄切り	8コ
まいたけ 小さく分ける	100g
塩、こしょう	各適量

ソース
⇒ 15cm 片手鍋使用

煮汁（煮詰めたもの）	300g
赤ワイン*1	350g（300g + 50g）
バター	20g
こしょう	4回挽く

付け合わせ

三角のクルトン（→P143）	適量

memo

*1　漬け込みや煮込み用の赤ワインは、たっぷり使わないと味が出ませんので、安いもので構いません。ただし、仕上げ用のソースには、出来ればおいしいワインを使いましょう。

*2　小玉ねぎは半分に切るとバラバラになりやすいので、根元をつけたままカットします。ごく小さいものはそのままでよいですが、半分に切った方が火が通りやすくなります。通常はグラッセしますが、ソテーにして歯触りを残しました。

〔préparation〕

鶏の漬け込みをする。

（1）鶏はもも肉、むね肉、手羽先、手羽元に分ける（→P146）。それぞれ浅く切り込みを入れる。**A**の野菜もそれぞれ切る。
骨付きのまま使います。骨が付いていないと焼いた時に身が縮みます。

（2）ボウルに（1）の鶏、**A**の野菜を入れ、赤ワインをひたひたになるまで加える。オリーブ油も加え、24時間漬け込む。

〔recette〕

鶏の赤ワイン煮を作る。

1　漬け込みワインから鶏と**A**の野菜を取り出し、鶏の水気をキッチンペーパーで十分にふき取る。鶏に塩、こしょうをし、セーグル粉を全体につける。漬け込みワインもとっておく。
鶏の味を引き出すために、塩はたっぷりします。後から足りないと思って加えても、鶏や野菜の味は引き出せません。

2　熱したフライパンにオリーブ油を入れ、1の鶏を焼く。網の上で油をきる。
オリーブ油はたっぷりと。日本の鶏は水っぽいですが、カリッと揚げるように焼くことで少し味がしまり、特に皮のブヨブヨした感じはなくなります。浮き出た脂は後で取り除くので、油っぽくなりません。

次ページにつづきます⇒

つづき⇨

鶏の赤ワイン煮

3　熱したフライパンにたっぷりのオリーブ油を入れ、**B**の野菜を炒める。ゆっくり時間をかけて炒めたら、**鶏の漬け込み**に使った**A**の野菜を加え、炒める。トマトペーストも加える。

4　鍋に鶏の漬け込みワインを入れ、2、3を加えて煮る。赤ワインを加え、アクを丁寧に取る。**C**を加え、さらにアクと油を取りながら、軽くフツフツするくらいの弱火で、鶏に竹串がスッと通るまで20分ほど煮る。
鶏は、むね肉の方が先に火が通りますが、長時間ではないので、すべて一緒に煮ます。

5　夏季は氷水にあてて、冬季は戸外で短時間で冷ます。浮いた脂を冷やし固めて取り除き、もう一晩寝かす。
あまり長時間生温かい状態にすると腐敗の原因になるので、必ず冷まして浮いた脂を取り除くように。急いで作りたい場合はそのまま作業を続けても構いませんが、味は冷めていく時に染み込みます。煮て一晩おくとさらに味が染み込み、ワインのアルコール分、酸味などが落ち着きます。

ガルニチュール

ガルニチュールを作る。
1　熱したフライパンにオリーブ油を入れ、小玉ねぎを強火で炒める。焼き色がついたら取り出す。

2　同じフライパンでにんにくを炒めて香りを出す。にんにくに薄い焼き色がついたら取り出す。火を強めてベーコンを入れ、表面がカリッとするまで炒めたらマッシュルーム、まいたけを加え、さらに炒める。にんにく、1の小玉ねぎを戻し入れる。

ソースを作る。
1　**鶏の赤ワイン煮**から鶏と野菜を取り出し、煮汁をこし取る。300gまで煮詰めたら、赤ワイン300gを加え、さらに約200gになるまで煮詰める。とろみがついたら赤ワイン50g、バターを加える。最後にこしょうで味を調える。
余った煮汁でパエリアを作る場合は、あらかじめ煮汁から250g取り分けておきます。

仕上げる。
1　ソースを200gまで煮詰めた頃、**ガルニチュール**をフライパンで温め直して1に加える。塩、こしょうで味を調える。

2　一晩寝かせた**鶏の赤ワイン煮**を1の中に入れ、軽く温める。

盛り付ける。
1　温めた皿に**鶏の赤ワイン煮**、**ガルニチュール**を盛り付け、**ソース**をかける。別皿でクルトンを添える。

Column 4 　　鶏の赤ワイン煮の残りを使って…

フランスでも家庭料理には、再生料理がたくさんあります（例えばP14「じゃがいもとひき肉のグラタン」も、ルーツは前日のお肉料理の残りなどをじゃがいものピュレと共にグラタンにした料理です）。赤ワイン煮の残りで、翌日こんなに簡単に作れるおいしいパエリアが出てきたら、家族もビックリするかもしれません。オーブンから出して少し冷めた頃が、おいしい食べ頃です。

パエリア　Paella
4人分　所要時間50分　難易度★★☆☆

- 有頭えび（ホワイトタイガー・殻付き）………… 6尾
- オリーブ油 ………………………… 50g（15g + 35g）
- 鶏の赤ワイン煮の骨 ……………………………… 適量
- 水 …………………………………………………… 500g
- 煮込んだ野菜 ……………………………………… 適量
- A
  - 玉ねぎ（みじん切り） …………………………… 90g
  - エシャロット（みじん切り） …………………… 75g
  - にんにく（みじん切り） ………………………… 40g
- 鶏の赤ワイン煮の煮汁 …………………………… 250g
- タイ米 ……………………………………………… 180g
- 塩 …………………………………………………… 6g
- こしょう ………………………………………… 6回挽く
- にんにく（薄切り） ……………………………… 20g
- 鶏の赤ワイン煮の骨についている肉 …………… 適量

① 有頭えびは殻付きのまま背ワタをとる。熱したフライパンにオリーブ油15gを入れ、香りが十分に出るまで炒める。
② 鶏の赤ワイン煮の骨に水を加えて6分ほど煮て味を出し、骨を取り外す。
③ ②の煮汁に煮込んだ野菜を入れ、目の細かいザルでこし、煮汁と野菜を分ける。
④ 熱したフライパンにオリーブ油35gを入れ、Aを炒める。③の煮汁と鶏の赤ワイン煮の煮汁を加えて沸騰させ、タイ米、塩、こしょうを加える。
⑤ 木べらでサッと混ぜ、①のえび、にんにくを加え、200℃のオーブンで20分炊く。
＊この時点では米がまだ少し硬いくらいですが、芯は完全になくなっています。
⑥ オーブンから出して混ぜる。えびを取り出し、③の野菜と鶏の肉を加え、再びオーブンに入れる。水分が大体なくなるくらい7～8分炊いたら、オーブンから出す。
⑦ 食べる時に鍋にえびを戻し入れ、少し温める。

鶏の白ワイン煮
Poulet au vin blanc et champignons

煮込み時間はさほど長くありませんので、比較的簡単に作れる煮込み料理です。
ここでの味の決め手は、何と言っても白ワインです。
辛口を使えば酸味の強い味わいに、甘口を使うとより甘みのある味わいになります。
好みに合わせて2種類を合わせて使ってもよいでしょう。

4人分　所要時間1時間　難易度★★☆☆

〔ingrédients〕

鶏の白ワイン煮　⇒ 24cm フライパン、26cm 浅鍋使用

鶏（あれば地鶏）		1羽（1.5kg）
塩		10g
こしょう		適量
セーグル粉（ナチュラル）		適量
オリーブ油		45g（25g + 20g）
A	にんじん※	160g
	玉ねぎ※	160g
	にんにく※	40g
	※すべてみじん切り	
白ワイン（甘口/リープフラウエンミルヒ）		620g
水		200g
ローズマリー		2本

ガルニチュール　⇒ 18cm フライパン使用

オリーブ油	17g
にんにく	20g
厚さ3mm の薄切り	
まいたけ（またはマッシュルーム）	200g
塩、こしょう	各適量

ソース　⇒ 15cm 片手鍋使用

煮汁	全量
にんにく	40g
つぶす	
ローズマリー	2本
白ワイン（甘口/リープフラウエンミルヒ）	32g
バター	50g
塩、こしょう	各適量
生クリーム（48%）	32g
ナツメグ	適量

リ・ピラフ　⇒ 15cm 片手鍋使用

オリーブ油	20g
ベーコン	100g
8mm 角、長さ3cm の棒状に切る	
玉ねぎ	135g
粗みじん切り	
マッシュルーム	5〜6コ
大きいものは半分に切り、厚さ5〜6mm に切る 小さいものは4つ切り	
タイ米	200g
湯	300g
塩	1.5g
ブーケガルニ（→P136）	1本
ローリエ1/4枚、タイム2本、イタリアンパセリ3本で作る	
バター	20g
塩	適量
イタリアンパセリ	4g
みじん切り	

〔préparation〕

鶏の漬け込みをする。

（1）鶏はもも肉、むね肉、手羽先、手羽元に分ける（→P146）。それぞれ浅く切り込みを入れる。**A**の野菜もそれぞれ切る。

骨付きのまま使います。骨が付いていないと焼いた時に身が縮みます。

〔recette〕

鶏の白ワイン煮を作る。

1　鶏に塩、こしょうをし、セーグル粉をつける。熱したフライパンにオリーブ油25g を入れ、皮目から強火で焼く。網の上で油をきる。

オリーブ油はたっぷりと。日本の鶏は水っぽいのですが、カリッと揚げるように焼くことで少し味がしまり、特に皮のブヨブヨした感じはなくなります。浮き出た脂は後で取り除くので、油っぽくなりません。

2　熱した鍋にオリーブ油20g を入れ、**A**を最初は強火で、その後少し火を弱めて、甘みが出て焼き色がつくまでゆっくり炒める。

鶏の白ワイン煮

1

2

次ページにつづきます⇒

つづき⇨

3　2に1の鶏、白ワイン、水、ローズマリーを加え、弱火で煮る。薄身のむね肉は火が通ったら先に取り出す。20〜25分経ったら鶏を全て取り出す。こし器で自然に落ちるだけ煮汁をこしとる。
もも肉に竹串を刺してみて澄んだ肉汁が出るくらいが、目安です。

ガルニチュールを作る。
1　熱したフライパンにオリーブ油を入れ、にんにくを炒めて取り出す。続けてまいたけを強火で炒める。塩、こしょうをし、にんにくを戻す。

ソースを作る。
1　**鶏の白ワイン煮**の煮汁に、にんにく、ローズマリーを加え、フツフツするくらいの弱火で煮詰める。十分にとろみがついたら、にんにく、ローズマリーを取り出す。

2　白ワイン、バターを加えてとろみをつけ、塩、こしょうをする。さらに生クリームを加え、ナツメグをかける。
生クリームを加えたら煮立てないように。ソースを煮詰める時はあまり弱火で長時間煮ると風味が飛んでしまいます。

リ・ピラフを作る。
1　熱した鍋にオリーブ油を入れ、ベーコンを炒める。ベーコンの脂が溶け出してきたら玉ねぎを加えて炒める。軽くしんなりして透き通ってきたらマッシュルームを加え、さらに炒める。

2　タイ米を加え、油がまわって透き通った感じになるまで炒める。

3　湯、塩、ブーケガルニを加え、沸騰したら火を止め、フタをぴったり閉じてオーブンで煮る。
[電子レンジオーブン：200〜210℃で16〜18分]
[ガスオーブン：180〜190℃で16〜18分]
ベーコンの塩味が出るので、ここでは塩は控えめにします。

4　オーブンから出し、塩で味を調える。バターを加え、ゆっくりと、ほぐすようにフォークで混ぜる。
ここでは米に水分がまとわりついているような状態です。早く混ぜると米の粘りが出て、米同士がくっついてしまいます。

5　耐熱皿に入れ、アルミホイルでフタをして保温する。盛り付ける直前にイタリアンパセリを加え混ぜる。

盛り付ける。
1　温めた皿に**鶏の白ワイン煮**を盛り付け、**ガルニチュール**、**リ・ピラフ**を添え、**ソース**をかける。

Column 5　鶏の白ワイン煮の残りを使って…

赤ワイン煮の次は、白ワイン煮が残った時の再利用料理もご紹介しましょう。
簡単に作れるおいしいリゾットです。

鶏のリゾット　Resotto au poulet au vin blanc

4人分　所要時間30分　難易度★☆☆☆

- 鶏の白ワイン煮の骨についている肉　　適量
- 煮込んだ野菜　　適量
- 鶏の白ワイン煮の煮汁　　200g
- 水　　1ℓ
- グラス・ドゥ・ビアン（缶詰）　　10g
- タイ米　　195g
- 塩　　5g
- 溶き卵　　3コ分
- こしょう　　適量
- バジル（大ぶりのもの）　　12枚

① 鍋に鶏の肉をほぐしたものと煮込んだ野菜を入れ、鶏の白ワイン煮の煮汁、水を加える。
② 沸騰させてグラス・ドゥ・ビアンを加える。
③ タイ米を加え、柔らかくなるまで煮る。塩を加え、味がしみ込んだら溶き卵を加えてフタをし、卵が半分固まるまで煮る。
④ こしょうをし、火を止めてバジルを加える。

ポトフ
Pot au feu

フランス式のポトフでは、牛骨は後から加え、軽く煮て骨の髄を食べるのが正式なものです。
但し、日本の素材で作ると味らしい味がないので、牛骨は炒めてスープに味を出す役目として使い、
仔羊背肉を肉の味わいに膨らみをもたせるために加えました。
牛すじ肉はとてもよいゼラチン質があるので、スープにこくを与え、
トロッとした粘りのある仕上がりになります。
特に、白く、薄い、肉にはりついているようなところがおいしい味を出します。
茹で卵は具としてではなく、だしとして入れました。
あまり多くのだしは出ませんが、香りに膨らみが出てきます。

4人分　所要時間5時間　難易度★★☆☆

〔ingrédients〕

ポトフ　⇒ 21cm 寸胴鍋使用

牛すね肉		600g
塩		21g（5g + 2g + 11g + 3g）
こしょう		適量
オリーブ油		10～15g
仔羊背肉（フレンチラック）		200g
牛骨		200g
オックステール		200g
牛すじ肉		250g
ベーコン 7mm角の棒状に切る		50g
水		2.5ℓ
A	ポロねぎ 長さ8cmのものを3本用意する	200g
	玉ねぎ（中）	1.5コ
	キャベツ	240g
	にんじん	200g
	セロリ	80g
	小かぶ（皮付きのまま）	5コ
	にんにく つぶす	10g
	エシャロット	70g
固茹で卵 沸騰後10分茹でる		2コ
ブーケガルニ（→P136） ローリエ（小）1枚、 イタリアンパセリ3本で作る		1束
B	クローブ※	4粒
	黒こしょう（ホウル）※	20粒
	白こしょう（ホウル）※ ※合わせてティーバッグに入れる	20粒
グラス・ドゥ・ビアン（缶詰）		10g

仕上げ

フルール・ドゥ・セル、こしょう、
マスタード　　　　　　　　　各適量

〔préparation〕

（1）牛すね肉はタコ糸で縛り、塩5g、こしょうをふり、肉の周りに強めの焼き色がつくまでオリーブ油で焼く。仔羊背肉も塩2gをふり、同様に焼く。牛骨、オックステール、牛すじ肉は、全体に焼き色がつくくらい（骨だけのところは茶色）まで焼く。ベーコンは炒めてこし器にあけ、油をきる。
日本の肉は水分が多いので、ソテーしないとスープに十分な味が出てきません。

（2）Aの野菜のうち、ポロねぎ、玉ねぎ、キャベツはタコ糸で縛る。にんじん、セロリは長さ7～8cmくらいに切る。小かぶとエシャロットは丸ごと使う。

〔recette〕

ポトフを作る。

1　鍋に水を入れ、牛骨、オックステール、牛すじ肉を加え、軽く沸騰させてアクを取る。

2　塩11g、**A**の野菜、固茹で卵、ブーケガルニ、**B**の香辛料、グラス・ドゥ・ビアンを加え、45分煮る。

3　にんにく以外の**A**の野菜を取り出す。バットなどに入れ、フタをして保温する。

4　3のスープに牛すね肉、仔羊背肉を入れ、軽くフツフツするくらいの弱火で2時間30分煮る。
澄んだスープがポトフのおいしさの決め手です。沸騰しないように注意して下さい。

5　鍋から牛骨、オックステール、牛すじ肉を取り出す。3で取り出した野菜を戻し入れ、ベーコン、塩3gを加え、さらに30分煮る。火を止めて30分おく。

盛り付ける。

1　牛すね肉はタコ糸を切り、厚さ1.5cmにスライスする。

2　食べる時に再び温める。温めた皿に盛り付け、フルール・ドゥ・セル、こしょう、マスタードを添える。

プロヴァンス風豚の煮込み
Porc à la provençale

「プロヴァンス風」と名前がつくと、オリーブ油、にんにく、トマトといった、
南仏でよく使われる素材がベースになります。南仏の暖かな太陽の日差しを感じるような一皿です。
セロリはなるべく緑の濃いものを、トマトは完熟のものを使いましょう。
豚肉を焼く時は、多めの塩、こしょうを忘れずに。焼き色がつくまでしっかり焼くのがポイントです。

4人分　所要時間1時間　難易度★★☆☆

〔ingrédients〕

豚の煮込み

⇒ 26cm 浅鍋、24cm フライパン使用

豚ロース肉	4枚（厚さ1.5cm、1枚160〜170g）
塩	14g（6g + 8g）
黒こしょう	適量
強力粉	適量
オリーブ油	37g（15g + 7g + 15g）
ベーコン	160g
1cm角、長さ3cmの棒状に切る	
玉ねぎ	240g
厚さ5mmの薄切り	
にんにく	120g
厚さ2〜3mmの薄切り	
エシャロット	50g
薄切り	
セロリ	160g
1.5cm角、長さ3cmの棒状に切る	
白ワイン（甘口/リープフラウエンミルヒ）	250g（50g + 200g）
トマト	320g
トマトペースト	40g
グラス・ドゥ・ビアン（缶詰）	25g
こしょう	適量
生クリーム（48%）	15g
バジル	13g
ナツメグ	少々
エダムチーズのすりおろし	適量

付け合わせ

ヌイユ（→ P138）	適量

〔préparation〕

(1) トマトは湯むき（→ P136）して、12等分のくし切りにする。その他の材料もそれぞれの大きさに切る。

〔recette〕

豚の煮込みを作る。

1　豚ロース肉は、塩6g、黒こしょうを多めにふり、強力粉を両面につける。熱したフライパンにオリーブ油15gを入れ、外側に十分に焼き色がつくまで強火で焼く。
粉はあまり多くつけ過ぎるとソースの味がごってしまいます。焼き色が十分つくまで焼きましょう。塩味は強めでないとおいしくありません。

2　熱した鍋にオリーブ油7gを入れ、ベーコンを炒める。オリーブ油15gを足し、続けて玉ねぎを7〜8分炒める。しんなりして軽く焼き色がついたらにんにく、エシャロットを加え、弱火にして3分炒める。

3　2にセロリを加え、セロリの緑色が鮮やかになるまで2分ほど炒める。

4　1のフライパンの余分な油を捨て、白ワイン50gでデグラッセする。

5　3に4、トマト、白ワイン200gを加える。煮立ったらトマトペースト、グラス・ドゥ・ビアン、塩8g、こしょう適量を加える。

6　1の豚ロース肉を加え、ソースにとろみがつき、しっかりした味になるまでフタをしないで、軽くフツフツするくらいの弱火で20〜25分煮込む。

7　生クリーム、バジルを加え、さらに3分煮込み、ナツメグをかける。

盛り付ける。

1　温めた皿に**豚の煮込み**を盛り付け、**付け合わせ**のヌイユを添える。食べる時にエダムチーズのすりおろしをふりかける。

93

ブルゴーニュ風牛の赤ワイン煮
Bœuf bourguignon

ブランケットゥ・ドゥ・ヴォー
Blanquette de veau à l'ancienne

ブルゴーニュ風牛の赤ワイン煮
Bœuf bourguignon

ワインの産地、ブルゴーニュ地方の郷土料理で、
肉を香味野菜と一緒にワインでマリネしてから煮込んだ「ブフ・ブールギニョン」。
聞いたことないわ、という方も、「フランス風ビーフシチュー」といえば、
どんな料理かピンとくるのではないでしょうか。
ガルニチュールを別々に作ってから合わせることで、
ちょっと洗練された一皿に仕上げています。
かなり手間がかかるので、ちょっと頑張って作る料理です。

4人分　所要時間4時間（前日準備あり）　難易度★★★☆

〔ingrédients〕

牛の赤ワイン煮　⇒ 21cm 寸胴鍋使用

	牛すね肉	1kg
A	にんじん※	160g
	玉ねぎ※	160g
	セロリ※	160g
	エシャロット※	60g
	にんにく※	30g
	※すべて1.5cm角に切る	
赤ワイン*1		1260g（500g + 700g + 60g）
塩		10g（7g + 3g）
こしょう		適量
オリーブ油		適量
牛すじ肉		400g
牛骨		400g
ベーコン		200g
1cm角、長さ3〜4cmの棒状に切る		
B	にんじん*2 ※	200g
	エシャロット※	60g
	セロリ※	90g
	※すべて1.5cm角に切る	

バター		50g
玉ねぎ*3		400g
薄切り		
トマトペースト		60g
強力粉		30g
水		700g
トマト水煮		260g（缶詰・果肉200g、汁60g）
果肉は手でつぶす		
グラス・ドゥ・ビアン（缶詰）		30g
C	黒こしょう（ホウル）※	20粒
	クローブ※	2粒
	※合わせてティーバッグに入れる	
ブーケガルニ（→P136）		1束
ローリエ1枚、タイム3本、		
イタリアンパセリ3本で作る		
ナツメグ		適量

ガルニチュール　⇒ 15cm 片手鍋、18cm フライパン使用

	にんじん	100g
	シャトー（→P145）に切る	
D	バター	20g
	塩	2g
	水	適量
	マッシュルーム	200g
	バター	10g
E	レモン汁	5g
	塩	1g
	水	適量
	バター	15g
	グラニュー糖	10g
F	小玉ねぎ	12コ
	水	適量
	塩	1g
ベーコン		100g
1cm角、長さ3〜4cmの棒状に切る		
オリーブ油		適量

付け合わせ

ヌイユ（→P138）	適量

memo

*1　煮込み用のワインは、しっかりとした味わいのものであれば、安いワインでもおいしくなります。最後の仕上げ用のワイン（60g）は、出来ればテーブル用に少しだけ高めのワインを用意して、そのうちから使うようにするとよりおいしくなります。

*2 *3　にんじん、玉ねぎは、甘みが少ない場合は量を増やします。味を見て調節してください。

〔préparation〕

（1）牛すね肉は8〜10等分に切る。Aの野菜もそれぞれ切る。ボウルに牛すね肉、Aの野菜を入れ、赤ワイン500gを加え、一晩漬け込む。
一晩漬け込むことによって肉が柔らかくなり、ワインの味も染み込みます。

〔recette〕

牛の赤ワイン煮

牛の赤ワイン煮を作る

1　漬け込みワインから牛すね肉とAの野菜を取り出し、牛すね肉は塩7g、こしょうをする。強火で表面にしっかり焼き色がつくまでオリーブ油で焼く。牛すじ肉、牛骨は十分に焼き色がつくまで焼く。ベーコンは強火で炒め、ザルにあけて油をきる。Bの野菜は軽く焼き色がつくまでオリーブ油で炒め、Aの野菜も加えてさらに炒める。

2　熱したフライパンにバターを溶かし、玉ねぎを炒める。しんなりしてきたら弱火にし、フタをしてさらに蒸し煮にする。十分に甘みが出て、フライパンの縁の方から茶色っぽくなってきたらフタを取り、さらに茶色になるまで炒める。

3　2に、1の野菜、トマトペーストを加え、さらに炒める。茶色になったら強力粉を加え、十分に炒める。

4　水、漬け込みワインを加え、1の牛すね肉、牛すじ肉、牛骨、トマト水煮、グラス・ドゥ・ビアン、C、ブーケガルニ、赤ワイン700g、塩3gを加え、2時間30分煮る。脂を十分取り除き、肉を取り出す。こし器でこしてソースを取る。
強く押してこすと、野菜の甘みが出過ぎてしまいます。

ガルニチュールを作る。

1　Dでにんじんのガルニチュールを作る。片手鍋ににんじん、バター、塩、水を入れ、十分柔らかくなり、汁気がなくなるまで煮る。

2　Eでマッシュルームのガルニチュールを作る。片手鍋にマッシュルーム、バター、レモン汁、塩、ひたひたになるくらいの水を入れ、3〜4分煮る。

3　Fで小玉ねぎのガルニチュールを作る。熱したフライパンにバター、グラニュー糖を入れ、キャラメリゼ（明るめの茶色）する。小玉ねぎを加え、茶色になるまで炒める。小玉ねぎが2/3ほどかくれる量の水、塩を加え、柔らかくなり、汁気がほとんどなくなるまで落としブタをして煮る。

4　ベーコンはオリーブ油で炒め、ザルにあけて油をきる。

仕上げる。
1　**牛の赤ワイン煮**のソースに**ガルニチュール**を加え、15分煮る。赤ワイン60gを加え、さらに5分煮る。ナツメグを加え、味を調える。

盛り付ける。
1　温めた皿に**牛の赤ワイン煮**、**ガルニチュール**を盛り付け、**付け合わせ**のヌイユを添える。**ソース**をかける。

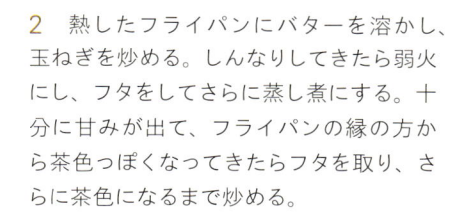

ブランケットゥ・ドゥ・ヴォー
Blanquette de veau à l'ancienne

"à l'ancienne"（ア・ランスィエンヌ＝昔風の）というタイトルからも分かるように、
昔ながらの、温かい家庭の味わいのする、ドゥニさんが作ったフランス版ホワイトシチューです。
ドゥニさんは「自分のフランス料理の原点は祖母や母が作ってくれた家庭料理だ」と語ります。
奇をてらったパフォーマンスのような料理ではなく、
古典を大切にしながら、正統派のフランス家庭料理を継承する、
ドゥニさんを象徴するような一皿として、今回の本でぜひ紹介したいと思いました。
煮込み時間も比較的少ないので、いつものシチューをワンランクアップさせたい方におススメです。

4人分　所要時間2時間　難易度★★☆☆

〔ingrédients〕

ブランケットゥ・ドゥ・ヴォー　⇒ 24cm 深鍋使用

フォン・ドゥ・ヴォー *2（→P131）	1ℓ
仔牛むね肉 *1	550g
にんじん※	50g
玉ねぎ※	25g
エシャロット※	25g
ポロねぎ※	40g
セロリ※	30g
※すべて1.5cm角に切る	
にんにく 1cm角に切る	20g
ブーケガルニ（→P136）	1束
ローリエ（小）1枚、タイム3本、イタリアンパセリ3本で作る	
塩	4.5g
A 黒こしょう※	2g
A コリアンダーシード※	2g
A クローブ※	1粒
※合わせてティーバッグに入れる	

ガルニチュール　⇒ 15cm 片手鍋使用

マッシュルーム 縦4等分に切る	150g
B 水	75g
B バター	15g
B レモン汁	7g
B 塩	0.7g
B こしょう	適量
小玉ねぎ 皮をむく	125g
C 水	適量
C バター	25g
C 塩	1g
C こしょう	6回挽く
C グラニュー糖	6g

ソース　⇒ 15cm 片手鍋使用

バター	45g
薄力粉	23g
強力粉	22g
ブランケットゥ・ドゥ・ヴォーの煮汁	550g
卵黄	15g
クレーム・ドゥーブル	25g
生クリーム（35%）	170g
塩	1g
こしょう	10回挽く

memo

*1　仔牛むね肉は、もも肉で代用できます。

*2　フォン・ドゥ・ヴォーは、缶詰を使ってもよいですし、フォン・ドゥ・ヴォライユ（→P130）を大量に作ってストックしている場合は、それを使っても構いません。

〔préparation〕

（1）仔牛むね肉を10等分くらいに切る。野菜もそれぞれ切る。

〔recette〕

ブランケットゥ・ドゥ・ヴォーを作る。

1　鍋にフォン・ドゥ・ヴォーと仔牛むね肉を入れ、アクを取りながら弱火で煮る。にんじん、玉ねぎ、エシャロット、ポロねぎ、セロリ、にんにく、ブーケガルニ、塩、**A**を加え、フタをしてアクを取りながら軽くフツフツするくらいの弱火で1時間15分〜30分煮る。

ガルニチュールを作る。

1　**B**でマッシュルームのガルニチュールを作る。鍋にマッシュルーム、水、バター、レモン汁、塩、こしょうを入れ、フタをして5〜8分煮る。

2　**C**で小玉ねぎのグラッセを作る。鍋に小玉ねぎを重ならないように入れ、水を小玉ねぎの半分の高さまで加える。バター、塩、こしょう、グラニュー糖を加え、水分がほとんどなくなるまで弱火で煮る。

ソースを作る。

1　熱した鍋にバターを溶かし、粉を入れてルーを作る（→P137「ルー」の工程1、2）。温めた**ブランケットゥ・ドゥ・ヴォー**の煮汁を加え、ホイッパーでよくかき混ぜる。火を止め、卵黄、クレーム・ドゥーブル、生クリームを合わせたものを加え、弱火でとろみをつける。塩、こしょうで味を調え、こし器でこす。

盛り付ける。

1　温めた皿に**ブランケットゥ・ドゥ・ヴォー**、**ガルニチュール**を盛り付け、**ソース**をかける。

ブランケットゥ・ドゥ・ヴォー

1

グランドゥ・カスレ
Grande cassoulet

ブイヤベース
Bouilla baisse

グランドゥ・カスレ
Grande cassoulet

フランス南西部で食べられている白いんげん豆の煮込みです。
カソール(cassole)と呼ばれる深い土鍋で肉と白いんげん豆を長時間煮込んで作ったのが、
名前の由来なのだとか。肉は、豚肉、仔羊肉、ガチョウ、鴨、ソーセージなどを使います。
日本でよく見られるソーセージと鴨のコンフィの組み合わせもベーシックなカスレの一つ。
ただ、コンフィを使うと作り方が複雑になりすぎるので、家庭で作るために少し簡単にしました。

4人分　所要時間約3時間（2日前準備あり）　難易度★★★☆

〔ingrédients〕

⇒ 15cm片手鍋、21cm寸胴鍋使用

白いんげん豆 *1	250g
水	1.5ℓ
生クリーム（48%）	40g
グラス・ドゥ・ビアン（缶詰）	25g（20g + 5g）
オリーブ油	適量
豚骨	300g
豚ロース肉 *2　4〜5cm角に切る	200g
塩（豚ロース肉用）	20g
合鴨ロース肉 *2　4〜5cm角に切る	200g
A　にんにくのすりおろし	20g
A　塩	2g
A　こしょう	適量
仔羊背肉（フレンチラック）*2　骨を外し、4〜5cm角に切る	200g
塩、こしょう（仔羊背肉用）	各適量
水	550g
ブーケガルニ（→P136）　ローリエ1/2〜1/3枚（香りの強さによる）、イタリアンパセリ3本で作る	1束
クローブ	4粒
にんにく　つぶす	50g（40g + 10g）
塩	6g（3g+3g）
じゃがいも（メークイン）	2コ
ペッパーソーセージ *3	4本
ホワイトソーセージ *3	4本
ナツメグ	適量
エダムチーズのすりおろし	6g
ルー（→P137）	15〜20g

memo

*1 白いんげん豆は国産より輸入品の方が、味わいが豊かです。小粒ものを選びましょう。

*2 豚肉だけでは味に幅が出ないので、合鴨ロース肉、仔羊背肉も使います。

*3 ソーセージはスモークタイプ（写真①）と、食感が柔らかいミュンヘナータイプ（写真②）の2種類を入れることで、香りがよく、食感も楽しいものになります。

〔préparation〕

（1）　白いんげん豆は水に2日間浸ける。豆と浸け汁に分ける。
一晩では十分に膨らみません。十分漬けると、舌触りが滑らかになります。

（2）　豚ロース肉は塩20gをよくすりこみ、一晩おく。

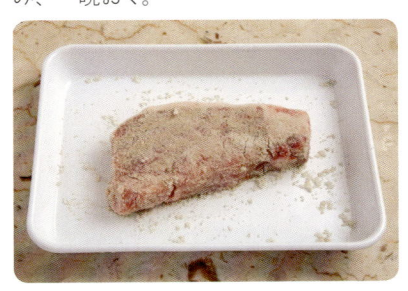

（3）　合鴨ロース肉は**A**を合わせてすり込み、1時間おく。

（4）　仔羊背肉は塩、こしょうをする。骨と肉を外す。

（5）　じゃがいもは皮ごと硬めに茹で、皮をむく。

〔recette〕

1　片手鍋に白いんげん豆と豆の浸け汁750g、生クリーム、グラス・ドゥ・ビアン20gを入れ、煮崩れないように気をつけながら、豆が十分柔らかくなるまで1時間20分煮る。
豆の味に膨らみがないので、生クリームとグラス・ドゥ・ビアンを加えます。

2　熱したフライパンにオリーブ油を入れ、豚骨、豚ロース肉をそれぞれ十分焼き色がつくまで焼く。合鴨ロース肉はすり込んだ**A**を取り除いてから焼く。仔羊背肉と外した骨もかなり強めの焼き色をつける。網の上で油をきる。

3　鍋に1をこした煮汁約240g、水、2を入れ、一度沸騰させてアクを取る。グラス・ドゥ・ビアン5g、ブーケガルニ、クローブ、にんにく40g、塩3g、**A**（2で取り除いたもの）を加え、1の白いんげん豆も加えて30分煮る。十分にアクと油を取る。

4　塩3gを加え、さらに30分煮たら、豚骨、仔羊背肉の骨、ブーケガルニを取り出す。

5　じゃがいも、ソーセージ2種、にんにく10g、ナツメグ、エダムチーズのすりおろしを加え、軽くフツフツするくらいの弱火で10〜15分煮る。

6　ルーに煮汁を少量加え、ホイッパーで混ぜて溶きのばし、鍋に戻す。再び火にかけ、煮汁がトロッとしたら、火を止め、ナツメグを十分に香るくらい加える。
豆のざらついた感じが薄れ、肉などとのつながりが出来て全体のバランスが良くなります。

盛り付ける。
1　温めた皿にすべての具が入るように盛り付ける。

ブイヤベース
Bouilla baisse

ブイヤベースは南仏の港町マルセイユの漁師料理です。
料理教室を始める前、このブイヤベースもとても試作に苦労した料理の一つでした。
魚の種類を変えてみたり、あちこちの店を食べ歩き、研究する日々が続きました。
「フュメに使った魚介のアラをフードプロセッサーにかけ、こし取ってスープに加えたらどうだろう」
弓田がアイデアを思いつき、早速試作してみました。ざらつきのあるスープですが、
確かに魚介の味がしっかりした、濃厚で力強いおいしいブイヤベースが出来上がりました。
スープにサッと溶けるアイヨリもイル・プルー独特の作り方です。
マルセイユの本場の味にも負けないおいしさになったと思っています。

4人分　所要時間1時間30分　難易度★★★☆

〔ingrédients〕

フュメ・ドゥ・ポワソン

⇒ 21cm 寸胴鍋使用

オリーブ油	15g
にんじん　1.5cm 角に切る	65g
玉ねぎ　1.5cm 角に切る	65g
セロリ	40g
魚介のアラ	500g ※
※　鱈の頭と骨 *1	250g
鯖の頭と骨	75g
ほうぼうの頭と骨	100g
するめいかの足など	75g
フュメ・ドゥ・ポワソン（→P134）	300g
水　500～600g (200g + 300～400g)	
白ワイン（辛口/サンセール）	50g
ブーケガルニ（→P136）　イタリアンパセリ3本、セルフィーユ3本で作る	1束

ブイヤベース

有頭えび（ホワイトタイガー・殻付き）	4尾
オリーブ油	適量
トマト水煮　200g（缶詰・果肉160g＋汁40g）　果肉は手でつぶす	
トマトペースト	45g
ソース・アメリカン（缶詰）	40g
塩	6g (4g + 2g)
鱈※	250g
鯖※	1尾 (200g)
ほうぼう※	100g
※それぞれ骨は除き、7cm四方に切る	
するめいか　皮を取り、2cm幅の輪切りにする	100g
はまぐり（大）	4コ
ムール貝　足ひもを取る	300g
サフランパウダー*2　ナイフの先5mmを2回	
カイエンヌペッパー	少々
にんにくのすりおろし	6g
ルー（→P137）	5g

アイヨリ（にんにく入りマヨネーズ）

ポマード状バター（→P136）	50g
オリーブ油	20g
卵黄	20g
レモン汁	5g
塩	0.8g
にんにくのすりおろし	3g
サフランパウダー*2　ナイフの先5mmを2回	

付け合わせ

丸いクルトン（→P143）	適量

memo

*1　鱈のアラは、魚屋さんで頼めば売ってくれます（くれるところもあります！）。またはブイヤベース用に、小さめの鱈を1尾注文し、3枚におろして頭と骨を使ってもよいでしょう。鱈が手に入らなければ、他の白身の魚のアラでもよいです。

*2　サフランパウダーが手に入らなければ、サフラン7～8本で代用できます。香りがしっかり感じられる分量を加えます。

〔préparation〕

（1）　鱈、鯖、ほうぼうは3枚におろし、頭と骨はフュメ用に、身はブイヤベース用に取り分ける。するめいかも同様に足はフュメ用に、身はブイヤベース用に取り分ける。
魚介は白身の魚、青身の魚、いかやえびなど、いろいろな種類を取り揃えることで味わいに深みが出ます。

〔recette〕

フュメ・ドゥ・ポワソンを作る。

1　熱した鍋にオリーブ油を入れ、にんじん、玉ねぎ、セロリを、表面にごく軽く色がついて甘みが出るまで、弱火で3分くらい炒める。

2　魚介のアラを加え、フュメ・ドゥ・ポワソン、水200g、白ワイン、ブーケガルニを加え、弱火で25分煮る。
水だけで煮る方法もありますが、魚自体が水っぽく、味にコクが出ないため、フュメを使います。

3　2をザルでこし、魚の頭と太い骨、野菜を取り除き、残りの魚介のアラをフードプロセッサーにかけ、ペースト状にする。

4　再びザルにあけ、水300g～400gを少しずつ注ぎながら、カードでこせるだけこし取る。最後は手で搾る。
魚介のアラに身がつきすぎていると、こし汁がざらついた感じになりすぎるので気をつけて。水を加えることで、十分に魚介の旨味をこし取ることが出来ます。

ブイヤベースを作る

1　熱したフライパンにオリーブ油を入れ、えびを強めの焼き色がつくまで丸ごと炒める。

2　鍋に**フュメ・ドゥ・ポワソン**工程4でこし取った汁を入れ、トマト水煮、トマトペースト、ソース・アメリカン、塩4gを加え、一度煮立たせる。

3　鱈、鯖、ほうぼう、するめいか、はまぐりを加え、再び煮立ったら、ムール貝、1のえび、サフランパウダー、カイエンヌペッパー、塩2gを加える。

4　フツフツするくらいの弱火で10分煮る。味を見て火を止め、にんにくのすりおろしを加える。
魚が煮崩れないように、あまり動かさず、火加減にも注意します。魚に味が入りすぎても美味しくありません。最後に加える生のにんにくの青臭い香りが、よりいっそう魚介の味を引き立てます。

アイヨリを作る。

1　ポマード状バターに、オリーブ油、卵黄、レモン汁、塩を加え、よく混ぜる。にんにくのすりおろし、サフランパウダーを加え混ぜる。

盛り付ける。

1　皿に取り分け、別皿でアイヨリとクルトンを添える。

フュメ・ドゥ・ポワソン

1

2

3

4

ブイヤベース

3

仔羊のカレー
Curry d'agneau

ブイヨンで柔らかく煮た仔羊肉を、たっぷりの香味野菜、スパイスで仕上げた仔羊のカレー。
椎名家の定番も、この仔羊のカレーです。
コツは、とろみがつき過ぎないように、少しサラサラした感じが残るくらいに煮詰めること。
スパイスのザラザラした感じ、野菜のツブツブした舌触りが残っていて、
すべての香りが混ざり過ぎないくらいが一番おいしいです。

4人分　所要時間2時間30分　難易度★★☆☆

〔ingrédients〕

カレー ⇒ 21cm 寸胴鍋使用

ブイヨン（→P136）		1ℓ
固形ブイヨン（マギー）3 コ		（1.5 コ + 1.5 コ）
仔羊もも肉 3cm 角に切る		750g
A	塩	10g
	カレー粉	8g
	こしょう	適量（多めにしっかりと）
澄ましバター（→ P136）		45g
玉ねぎ みじん切り		375g
にんじん みじん切り		60g
しょうが ごく細かいみじん切り		56g
にんにく つぶしてからみじん切り		30g
トマト水煮　340g（缶詰・果肉 250g + 汁 90g） 果肉は手でつぶす		
マンゴーチャツネ（甘口）		90g
ターメリックパウダー		4g
レッドペッパーパウダー		0.8g
B	シナモンスティック	1.5g
	クローブ	10 粒
	カルダモン（皮をむく）	7.5g
	クミンシード	4g
塩		4g

ルー ⇒ 15cm 片手鍋使用

バター	30g
薄力粉	30g
カレー粉	23g

ライス

タイ米	325g（約 2 カップ）
水	400g（2 カップ）

仕上げ

スペアミント（出来るだけ大きめ） みじん切り	1g
コリアンダー みじん切り	2.5g

〔préparation〕

(1) 仔羊もも肉に **A** をまぶし、手で少しだけ揉んで 30 分おく。

(2) **B** の香辛料をミルで挽く。シナモンスティックは先に 2/3 が粉状になるくらい挽く。残りはザラザラと粒が残るくらいの粗挽きにする。
全部一緒に挽くと他のものが細かく挽かれすぎてしまうので、シナモンスティックだけ別に挽きます。この方がスパイスの香りが生きてきます。

(3) マンゴーチャツネは包丁で刻んでから軽くたたき、ペースト状だが少し粒が残っているくらいの状態にする。

〔recette〕

カレーを作る。

1　鍋にブイヨンを入れて火にかけ、固形ブイヨン 1.5 コ、仔羊もも肉を加える。フタをしないで弱火で 1 時間 30 分煮る。肉が十分に柔らかくなったら肉を煮汁から取り出し、ブイヨン（分量外）を適宜足して煮汁を 1125g にする。
フタをすると中に圧力が強くなり、肉の繊維がバラバラになり、肉の旨味が出にくくなります。バラバラにならないように、トロッとした感じに煮ます。

2　熱したフライパンに澄ましバターを溶かし、玉ねぎを炒める。しんなりしたら弱火にし、フタをして蒸し煮にする。十分に柔らかくなったらフタを取る。

3　さらに玉ねぎを飴色になるまで炒め、にんじん、しょうが、にんにくを加えて炒める。
にんじん、しょうが、にんにくは炒め過ぎないように。

4　**ルー**を作る（→ P137「ルー」工程 2 の後にカレー粉を加え、しばらく炒める）。1 の煮汁を少量加え、ホイッパーで混ぜて溶きのばし、1 の鍋に戻す。

5　4 の鍋に 1 の仔羊もも肉、固形ブイヨン 1.5 コ、3、トマト水煮、マンゴーチャツネ、ターメリックパウダー、レッドペッパーパウダー、**B**、塩を入れ、底が焦げつかないように混ぜながら、弱めの中火で 30 分煮る。

ライスを作る。

1　タイ米は洗わずに鍋に入れ、水を加えて炊く。初めは強火で、沸騰したら弱火にして 21 分炊き、火を止めてから 10 分蒸らす。全体がパラパラとほぐれ、硬い食感の炊き上がりになる。

盛り付ける。

1　**カレー**と**ライス**を皿に盛り、食べる時にスペアミントとコリアンダーをふりかける。

バスク風鶏の煮込み　白いんげん豆添え
Poulet basquaise, ragoût de haricots en grains en persillade

これはフランスとスペインにまたがるバスク地方の中でも、フランス・バスクの郷土料理。
ドゥニさんが料理講習会で作ったもので、バスク名産の「唐辛子パウダー」を隠し味にした鶏の煮込みに、
バスク名産の「パプリカ」や「白いんげん豆」のガルニチュールを添えた、
まるごと"バスク"を表現した一皿です。
白いんげん豆のガルニチュールの工程がやや大変なので難易度★★★にしましたが、
慣れてしまえばそれほど難しくはないと思います。

4人分　所要時間1時間30分（2日前準備あり）　難易度★★★☆

〔ingrédients〕

鶏の煮込み

⇒ 24cm フライパン、21cm 寸胴鍋使用

鶏もも肉（骨付き）	4本（1.1kg）
塩	2.5g
黒こしょう	適量（多めにふる）
オリーブ油	34g（23g + 11g）
玉ねぎ 1〜1.5cm 角に切る	80g
にんにく 厚さ 5mm の薄切り	30g
白ワイン（辛口/サンセール）	80g
ドゥミグラス（→P133）	400g
トマトペースト	35g
唐辛子パウダー*1	ナイフの先 5mm を 2 回
黒こしょう	18回挽く
ブーケガルニ（→P136） ローリエ 1/2 枚、タイム 2 本、 イタリアンパセリ 3 本で作る	1束
ルー（→P137）	適量

バスク風ガルニチュール

⇒ 21cm 寸胴鍋使用

オリーブ油	10g
玉ねぎ 7mm 角に切る	60g
にんにく 3mm 角に切る	20g
パプリカ（赤）（黄）（緑） 5mm 角、長さ 5cm に切る	各100g
トマト	200g
トマトペースト	25g
塩	3.3g
黒こしょう	適量
タイム（ドライ）	0.3g
オリーブ（ブラック）	12〜16コ

白いんげん豆のガルニチュール

⇒ 15cm 片手鍋使用

白いんげん豆	150g
水	750g
玉ねぎ	30g
クローブ	1粒
ブーケガルニ（→P136） ローリエ 1/2 枚、タイム 3〜4 本、 イタリアンパセリ 5〜6 本で作る	1束
塩	6g（3.6g+2.4g）
バター	28g（6g + 22g）
ベーコン*2 4mm 角、短かめの棒状に切る	30g
玉ねぎ 5mm 角に切る	24g
黒こしょう	17回挽く
イタリアンパセリ 細かいみじん切り	4.5g

〔préparation〕

(1) 白いんげん豆は水に 2 日間浸ける。
豆の大きさ、乾燥具合で異なります。新豆なら一晩浸けておけば大丈夫です。

(2) 鶏もも肉は、両面に塩、黒こしょうをする。

(3) **バスク風ガルニチュール**のトマトは湯むき（→P136）して種を取り、1cm 角に切る。種を裏ごしした汁も使う。その他の野菜もそれぞれ切る。

〔recette〕

鶏の煮込みを作る。

1　熱したフライパンにオリーブ油 23g を入れ、鶏もも肉を薄いキツネ色になるまで焼く。

2　熱した鍋にオリーブ油 11g を入れ、玉ねぎを炒める。十分に柔らかくなり、少し色がついたらにんにくを加えて炒める。

memo

*1　唐辛子パウダーはバスク地方特有のエスペレット種の唐辛子 PIMENT D'ESPELETTE ピマン・デスペレットのパウダーです。バスクではいろいろな料理に隠し味として使われています。代用するなら唐辛子（粗挽き）とパプリカパウダーを合わせて使うとよいでしょう。

*2　ベーコンは燻製の匂いがあまり強くないものを選びましょう。

(3)

鶏の煮込み

1

2

次ページにつづきます⇒

つづき⇨

4

5

バスク風ガルニチュール

2

**白いんげん豆の
ガルニチュール**

5

3　2の上に1の鶏もも肉を、皮を上にして入れ、白ワインを加える。

4　1のフライパンにドゥミグラスを入れてデグラッセし、3に加える。トマトペースト、唐辛子パウダー、黒こしょう、ブーケガルニを加える。

5　フタをしてオーブンで煮る。
[電子レンジオーブン：210℃で45分]
[ガスオーブン：190℃で45分]
30分経ったら一度オーブンから出し、鶏肉の上下を返します。加熱後しばらくおいてから、鶏もも肉を取り出し、アルミホイルをして保温しておきます。

6　煮汁をこし器で強くこし、煮詰める。ルーを加え、とろみをつける。

バスク風ガルニチュールを作る。
1　熱した鍋にオリーブ油を入れ、玉ねぎを炒める。十分に柔らかくなり、少し色がついたら、にんにくを加え炒める。

2　パプリカ3種を加え、さらに弱火で炒める。トマト、種をこしたトマトの汁、トマトペースト、塩、黒こしょう、タイム、オリーブを加え、フタをして弱火で煮る。水分が多ければ加熱の最後にフタを取り、少し水分を飛ばす。
パプリカは煮過ぎないように注意してください。

白いんげん豆のガルニチュールを作る。
1　鍋に白いんげん豆と浸け汁を入れ、火にかける。玉ねぎ、クローブ、ブーケガルニを加え、煮立ったらアクを取り、ほぼざらつきがなくなるまでごく弱火で1時間煮る。煮崩れるものが出てきたら火を止め、塩を加える。
必要なら途中で水（分量外）を足します。

2　ブーケガルニを取り出し、白いんげん豆はザルにあけて汁気をきる。

3　片手鍋にバター6gを溶かし、ベーコンを加え、軽く焼き色をつける。
ベーコンはあまり大きく切り過ぎないようにし、豆の歯触りや味の邪魔にならないようにします。

4　ベーコンを取り出し、玉ねぎを炒める。玉ねぎを取り出し、玉ねぎから出る水分でデグラッセする。

5　片手鍋にベーコンを戻し、下茹でした白いんげん豆を加える。塩、黒こしょうをし、バター22gを加え、イタリアンパセリを散らす。

盛り付ける。
1　**鶏の煮込み**工程5で取り出し保温しておいた鶏もも肉を皿に盛り、同工程6で作ったソースをたっぷりかける。その上に**バスク風ガルニチュール**のパプリカをのせ、オリーブを飾る。**白いんげん豆のガルニチュール**を添える。

Column 6　付け合わせのルール

フランス料理の付け合わせで一番大切なのは、
「温かい料理には温かい付け合わせを、冷たい料理には冷たい付け合わせをつける」ということ。
この本で紹介した料理を例に、よく使われる付け合わせを紹介します。

アスピック（ゼリー寄せ）
ブイヨンを固めたもの。冷製のテリーヌなどに添えると、見た目も豪華な前菜になります。

お米
フランスでは、お米は野菜の一種として扱われ、付け合わせに使われます。

野菜のグラッセ
水、バター、砂糖を加え、柔らかく、艶よく仕上げたもの。にんじん、玉ねぎ、小玉ねぎなどのグラッセは、魚料理・肉料理など、応用範囲も広いです。

ヌイユ（パスタ）
ヌイユは肉料理に添えられます。本書ではプロヴァンス風豚の煮込みや、ブルゴーニュ風牛の赤ワイン煮など、煮込み料理に使っています。

じゃがいも
付け合わせの王様、じゃがいもは、いろいろな付け合わせがあります。

フリット
じゃがいもを揚げたもの。コンフィや仔羊のローストなどに。

グラッセ
シャトー（→P145）に切ったじゃがいもに生クリームなどを加えて茹でたもの。クリーム系のソースの料理に。

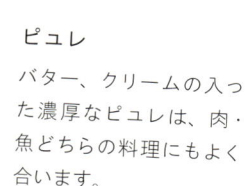

ピュレ
バター、クリームの入った濃厚なピュレは、肉・魚どちらの料理にもよく合います。

グラタン・ドフィノワ
薄くスライスしたじゃがいもを牛乳や生クリームで煮てから焼いたもの。肉料理の付け合わせに。

温野菜や、ソテーした野菜
さやいんげん、グリンピース、アスパラガス、ブロッコリーなどグリーンの野菜の他、きのこ、アンディーブ、かぶなどもよく使われます。

ディナーをしめくくるデザートたち

Les desserts

料理の最後をしめくくるデザートは、
それまでの料理の印象を決めてしまうくらい大事なもの。
ここでは授業で作るものの中でも、
特に家庭で簡単で作りやすいシンプルなものを選びました。

トリュフ2種
Les 2 truffes

コーヒーや紅茶と共に、ちょっとつまめるプティ・ショコラは、
食事の余韻を楽しむひと時にぴったりです。
ここでは、オレンジのオ・ドゥ・ヴィを使ったものと、リンゴのお酒カルバドスを使ったもの、
2種類のトリュフを紹介します。
本来はテンパリング（温度調節）をしたチョコレートでトランペ（上がけ）をしますが、
慣れないと難しいので、家庭では簡単な上がけ用のチョコレートを使うやり方がおススメです。

トリュフ・キュラソー
Truffe au Curaçao

直径25mmのボーラー型約20個分　所要時間2時間（＋ガナッシュを1晩寝かす）　難易度★☆☆☆

〔ingrédients〕

ガナッシュ

生クリーム（42%）	83g
ガナッシュ用スイートチョコレート（カカオ分55%）	130g
オレンジのオ・ドゥ・ヴィ（60°）*1	6g
コンパウンド・オレンジ *2	12g
スイートチョコレート（カカオ分66%）	適量

仕上げ

トランペ用チョコレート *3 スイートチョコレート（カカオ分66%）と上がけ用スイートチョコレートを1：1の割合で	適量
ココア	適量

memo

*1 オレンジのブランデー。アルザス地方の蒸留業者ルゴル社のオランジュ60°使用。自然で温かいオレンジの香りを加えます。

*2 天然の濃縮果汁オレンジ・コンパウンドは、オレンジの香り、味をさらに印象的にするために加えます。

*3 「トランペ」とはフランス語で「浸す」「漬ける」「潜らせる」という意味。ここでは温度調節をしなくてもお菓子の上がけができ、きれいに固まって艶が出る上がけ用スイートチョコレート（パータ・グラッセ・ブリュンヌ）とカカオ分66%のスイートチョコレート（アメール・オール）を1：1の割合で合わせます。

〔préparation〕

（1）チョコレートは細かく刻む。

〔recette〕

ガナッシュを作る。

1　片手鍋に生クリームを入れ、ごく軽く沸騰させる。チョコレートに加え、ホイッパーで円を描くようによく混ぜる。

2　オレンジのオ・ドゥ・ヴィを3回に分けて加え、同様に混ぜる。よく混ぜてからさらに50回ずつ混ぜる。

3　コンパウンド・オレンジを加え、20回ほど混ぜる。

4　ボーラーで抜きやすいように、小さめのボウル（深さのある直径12.5cm程度のもの）に流し入れ、しばらく混ぜて均一に滑らかにする。5℃以下の冷蔵庫で一晩冷やし固める。
柔らかめのガナッシュなので、一晩おいた方がしっかりした固さになります。

5　ボーラーの先をガスの火で3〜4秒ほど、かなり熱くなるまであぶる。4にボーラーを差し込み、ギュッと力を入れたまま反時計回りに少しだけ回し、次にすぐに時計回りに力を入れたまま手早く回転させ、丸く抜く。
抜いていくと、チョコレートにケバケバが出来て、抜きにくくなります。プラスチックカードでまとめながら作業すると、最後まできれいに抜けます。

6　5をパラフィン紙などの上におく。すべて抜き終わったら、一度冷蔵庫で冷やす。

7　6を手で、軽く丸める。
力を入れると、ガナッシュが柔らかくなるので注意してください。

ガナッシュ

1

3

5

6

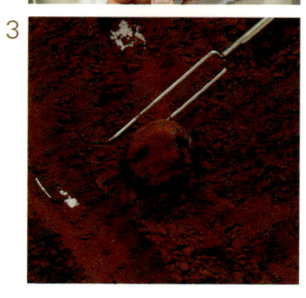

トリュフ・カルバドス
Truffe au Calvados

直径25mmのボーラー型で約20個分
所要時間2時間（＋ガナッシュを1晩寝かす）
難易度★☆☆☆

〔ingrédients〕

ガナッシュ

生クリーム（42%）	83g
ガナッシュ用スイートチョコレート（カカオ分55%）	130g
カルバドス	8g
スイートチョコレート（カカオ分66%）	適量

仕上げ

トランペ用チョコレート	適量

スイートチョコレート（カカオ分66%）と
上がけ用スイートチョコレートを1:1の割合で

粉糖	適量

〔préparation & recette〕

1　P114「トリュフ・キュラソー」と同様にする。
ガナッシュでは、工程2でカルバドスを加える。**仕上げ**には粉糖を使う。

8　手の平に湯煎で溶かしたスイートチョコレートを少し取り、7を転がし、全体に薄く、均一にチョコレートをつける。不均一になってしまった場合は、チョコレートが固まってからもう一度転がす。
これはトランペをきれいにするための大切な工程ですので、必ず行ってください。固まったら17～20℃まで温度を戻します。

仕上げる。
1　鍋に35℃くらいのぬるま湯を入れ、湯煎で溶かしたトランペ用チョコレートが入ったボウルの手前をさげて斜めにのせる。チョコレートがボウルの手前側の縁と同じ高さになるくらいの角度にし、ボウルの上に針金を渡してクリップで2ヶ所留める。

2　**ガナッシュ**を1に浸す。プラリネフォーク（丸）でガナッシュをすくい出し、チョコレートに半分ほど浸した状態で、上下に小刻みに動かしながら少しずつ引き上げる。底を針金にあてて余分なチョコレートを落とす。
トランペのチョコレートは厚くなり過ぎないようにします。厚さの目安は2mm弱くらいです。

3　ふるったココアをたっぷり入れたバットの中に2をおき、プラリネフォーク（2本または3本歯）で跡をつけながら転がす。

4　固まったら1個ずつ手で持ち、軽くトントンとココアを落とす。すぐに密閉容器に入れ、ビニール袋でしっかりと包み、5℃以下で保存する。
このガナッシュは乾燥しやすいので、保存期間は1週間程度です。

ソルベ2種
Les 2 sorbets

ソルベ（シャーベット）は、軽く、食後に口直しにもなるので、喜ばれるデセールの一つです。
ソルベの基本は、おいしい果汁に砂糖のシロップを加えて混ぜながら凍らせるだけ。
つまり、果汁のよしあしで、おいしさが決まってしまう、シンプルなデセールなのです。
特に、作り立てのソルベの味は格別！ぜひ味わってみてください。

ソルベ・フランボワーズ
Sorbet aux framboises

4人分　所要時間20分（アイスクリームメーカーの冷却準備あり）　難易度★☆☆☆

〔ingrédients〕

フランボワーズピューレ（10％加糖）	250g
水	108g
グラニュー糖	55g
粉末水飴*1	27g
ぶどう糖	9g
レモン汁	6g

memo
*1 粉末水飴は、溶けやすく使いやすいですが、手に入らなければ、普通の水飴を同量使います。

〔préparation〕

（1）　アイスクリームメーカーの冷却器を冷凍庫で冷やす。
お手持ちのアイスクリームメーカーの説明書に従ってください。

〔recette〕

1　材料をすべてホイッパーでよく混ぜ合わせる。

2　アイスクリームメーカーにかける。白っぽく盛りあがってきたら出来あがり。冷却器の冷え具合にもよるが、10分（長くても15～20分）ほどで固まる。

ソルベ・アブリコ
Sorbet aux abricots

4人分　所要時間20分（アイスクリームメーカーの冷却準備あり）　難易度★☆☆☆

〔ingrédients〕

アプリコットピューレ（10％加糖）	250g
水	79g
グラニュー糖	60g
粉末水飴	21g
ぶどう糖	8g
レモン汁	13g

〔préparation & recette〕

1　上記「ソルベ・フランボワーズ」と同様に作る。

いちじくの白ワイン煮
Figues au vin blanc

果物のコンポートは、皆さん喜ばれますね。
夏から秋にかけてが旬のいちじくのコンポートも、教室で人気の一皿。
白ワインをたっぷり使い、砂糖を2回に分けて加えるのがポイントです。
いちじくの色が溶け出して赤くなったシロップも、全部飲みほしたくなるぐらいおいしいですよ。
味わいが深くなるのは5日目頃からで、食べ頃は7〜10日目くらい。
バニラアイスを添えて食べるのもお薦めです。

いちじく8コ分　所要時間30〜40分（＋6〜8日寝かす）　★☆☆☆

〔ingrédients〕

⇒ 24cm 深鍋使用

白ワイン（甘口/リープフラウエンミルヒ）	約800g
バニラ棒	1本
縦に裂き、プティクトーで種をこそげ取る	
いちじく	8コ
グラニュー糖	400g（200g + 200g）
アニスシード	13g
ティーバッグ2つに分けて入れておく	
レモン汁	16g

〔préparation〕

（1）　いちじくは軽く水洗いし、ペーパータオルで水気をふき取る。

〔recette〕

1　ステンレスまたはホウロウの鍋に白ワイン、バニラ棒の種とさやを入れ、いちじくを重ならないように入れる。

2　皮がやぶれないように注意しながら、紙ブタをして弱火で煮る。

3　途中15〜20分ほど煮たら上下を返す。スッと竹串が入るくらいの柔らかさになるまで、さらに10〜15分煮る。

4　グラニュー糖200g、アニスシードを加え、軽く沸騰させる。そのまま冷蔵庫で1日寝かす。

5　再び火にかけ、沸騰直前でグラニュー糖200gを加える。軽く沸騰したら火を止め、レモン汁を加える。冷めたら密閉容器に入れ、冷蔵庫で5〜7日間寝かせ、味を染み込ませる。

盛り付ける。
1　たっぷりのシロップと共に盛り付ける。

〔ingrédients〕

杏のムース

生クリーム（42%）		160g
粉ゼラチン（ゼライス）*1		5g
冷水		30g
杏（缶詰）		150g
A	アプリコットリキュール	45g
	レモン汁	2g
	バニラエッセンス	3滴
	コンパウンド・アプリニット*2	1g
B	アプリコットピューレ（10%加糖）	200g
	グラニュー糖	50g

ジュレ ⇒ 15cm 片手鍋使用

アプリコットピューレ（10%加糖）	100g
グラニュー糖	20g
コーンスターチ	3g
アプリコットリキュール	10g

仕上げ

生クリーム（42%）	100g
グラニュー糖	10g

memo

*1 ゼライスを使っています。1袋5gになっているので使いやすいです。

*2 コンパウンド・アプリコットを加えることで、杏の香りをさらに印象的にします。

杏のムース
Mousse aux abricots

爽やかな杏の酸味と甘み。春から夏にかけて、食べたいデセールの一つ。
誰でも簡単に作れるようにと考えた、ムラングを加えないタイプのムースです。

直径8cm×高さ7.5cmのグラス容器5個分　所要時間3時間　難易度★☆☆☆

〔préparation〕

（1）**杏ムース**の生クリームは8分立てにし、冷蔵庫で冷やす。
6分立てまではハンドミキサーで泡立てて構いません。

（2）粉ゼラチンを冷水でふやかし、40℃の湯煎で溶かす。

（3）杏は5mm角に刻み、冷蔵庫で冷やす。

（4）ムースを入れるグラス容器も冷蔵庫で冷やす。

〔recette〕

杏のムースを作る。
1　ボウルに **A** を入れて混ぜ合わせ、湯煎で溶かした粉ゼラチンに少しずつ加え混ぜる。

2　別のボウルに **B** を入れて混ぜ合わせる。1 に **B** の1/3量を加え、ホイッパーで円を描くように混ぜる。**B** に戻し、同様に混ぜる。

3　氷水にあてて、ホイッパーでよく混ぜながら、8℃まで冷やす（少しとろみがついている状態）。

4　氷水から外し、8分立ての生クリームを1すくい加え、ホイッパーで手早く混ぜる。

5　全体が良くなじんだら、残りの生クリームを1/2量ずつ加え混ぜる。すべて加え、大体混ざったら、生クリームが入っていたボウルに戻し、ホイッパーを立てて円を描くように10回ほど混ぜる。

6　刻んだ杏を加え、ゴムべらで混ぜる。

7　グラス容器に流し入れ、冷蔵庫で2時間ほど冷やし固める。

ジュレを作る。
1　片手鍋にアプリコットピュレ、グラニュー糖、コーンスターチを入れて火にかけ、10秒ほど沸騰させる。

2　アプリコットリキュールを加え混ぜ、氷水にあてて冷ます。

仕上げる。
1　**ムース**を冷蔵庫から取り出し、**ジュレ**を流す。

2　生クリームにグラニュー糖を加えて8分立てにし、口径7mmの星口金をつけた絞り袋に入れる。縁に10ヵ所絞る。

クレープ・シュゼットゥ
Crêpe Suzzette

フランスでは通常、クレープの生地は一晩寝かせてから焼きますが、
日本ではフランスより小麦粉が細かく挽かれていて一晩ではグルテンが切れず、
軽い歯触りにならないので、二晩寝かせます。
焼いた時にちりめん模様の焼き色がつくのが、おいしさの証です。
本来、クレープ・シュゼットゥは、フランベして香りをつけますが、
家庭で作りやすいように、フランベしなくても作れるルセットゥにしています。

ビスキュイ・クラン・オ・ザローム・ドゥ・ショコラ
Biscuit coulant aux arômes de chocolat

「クラン」はフランス語で「流れる」という意味。
その名の通り、焼きたてのビスキュイ・クランに、すっとナイフを入れると、
中からアツアツのチョコレートがとろけ出てきます。
流れ出るソースが冷めないように、必ず温めたお皿で提供することを忘れずに。

クレープ・シュゼットゥ
Crêpe Suzzette

2人分　所要時間1時間（＋パータ・クレープを2日寝かす）　難易度★★☆☆

〔ingrédients〕

パータ・クレープ　5〜6枚分（1枚80g）
⇒18cm クレープパン使用

全卵	81g
グラニュー糖	38g
牛乳	250g（20g＋230g）
薄力粉	75g
澄ましバター（→P136）	適量

ブール・シュゼットゥ　1枚につき20g使用

ポマード状バター（→P136）	100g
粉糖	80g
コンパウンド・オレンジ	8.1g
オレンジのリキュール（40°）	10g
コニャック	15g

シュークル・オランジュ　1枚につき5g使用

コンパウンド・オレンジ	3.6g
グラニュー糖	60g

オレンジのソース

グラニュー糖	45g
水	30g
オレンジの皮のジュリエンヌ（→P145）	1/2コ分
オレンジジュース（100％）	80g
オレンジのリキュール（40°）	10g
コニャック	5g
バター	40g
レモン汁 [*1]	適量
オレンジのオ・ドゥ・ヴィ（60°）[*2]	適量

仕上げ

オレンジのカルティエ（→P145）	適量

memo
[*1] [*2]　レモン汁とオレンジのオ・ドゥ・ヴィは、味を見て加えてください。

〔préparation〕

（1）**パータ・クレープ**の薄力粉はふるう。

（2）**オレンジのソース**のオレンジの皮のジュリエンヌは、軽く茹でて水気をきる。

〔recette〕

パータ・クレープを作る。

1　ボウルに全卵、グラニュー糖を入れ、ホイッパーでグラニュー糖がほぼ溶けるまで十分に混ぜる。牛乳20gを加え混ぜる。

2　薄力粉を一度に加え、ダマがなくなるまでゆっくりと円を描くように混ぜる。
早く混ぜたり、混ぜすぎたりするとグルテンが形成されるので気をつけて！

3　牛乳230gのうち、1/3量を5回に分けて加え、1回加えるごとにゆっくりと30回ずつ混ぜながらのばす。残りは一度に加え混ぜる。

4　裏ごしして、密閉容器に入れ、冷蔵庫で最低二晩寝かせる。
冷蔵庫の温度が高い場合、あまり長い期間おくと生地が腐敗することがあります。

5　弱めの中火で熱したクレープパンに澄ましバターを溶かし、ほんの少し煙が上がったら、4の生地をレードルで流し入れる（1枚につき80g）。全体に広げて弱火で焼く。

6　パレットナイフで生地の周囲をはがしておく。表面がほぼ固まったら焼き具合を見る。

7　やや濃いキツネ色のちりめん模様の焼き色がついていたら、裏返して同様に焼く。

8　同様に残りの生地を焼く。焼いたクレープは重ねてもくっつかないので、バットに取り出して重ねていく。

パータ・クレープ

ブール・シュゼットゥを作る。
1　柔らかめのポマード状バターに、粉糖を5回に分けて加える。1回加えるごとにホイッパーで50回ずつ混ぜる。

2　コンパウンド・オレンジを加え混ぜ、オレンジのリキュール、コニャックを5回に分けて加え混ぜる。
ブール・シュゼットゥは溶かすので、それほどよく混ぜる必要はありませんが、酒が分離しないほどに混ぜます。

シュークル・オランジュを作る。
1　コンパウンド・オレンジにグラニュー糖を少し加え、手でよく混ぜる。最初はグチャッとした感じだが、グラニュー糖を揉みほぐすようにしてよく混ぜる。

オレンジのソースを作る。
1　片手鍋にグラニュー糖、水、オレンジの皮のジュリエンヌを入れる。

2　グラニュー糖が溶けて皮が少し柔らかくなったら皮を取り出す。煮詰めてキャラメリゼ（明るい茶色）したら、40〜50℃に温めたオレンジジュースを加え、さらに煮詰める。

3　裏ごしして、オレンジのリキュール、コニャックを加える。

4　バターを加え、鍋をふりながら混ぜてバターを溶かす。
酸味が足りなければレモン汁とオレンジのオ・ドゥ・ヴィを加え、香り付けします。

仕上げる。
1　**パータ・クレープ**の表面にパレットナイフで**ブール・シュゼットゥ**を薄く塗り、**シュークル・オランジュ**をふりかける。半分に折る。

2　同様に**ブール・シュゼットゥ**を薄く塗り、**シュークル・オランジュ**をふりかける。さらに半分に折る。

3　1枚の皿に2を2枚並べて150℃ほどのオーブンで7〜8分温める。**ブール・シュゼットゥ**が溶けて十分に熱くなったところで取り出し、オレンジのカルティエを飾り、**オレンジのソース**を流す。
クレープに竹串を斜めに10秒ほど刺し、唇にあててみて熱めになっていれば十分です。

オレンジのソース

1

2

4

ビスキュイ・クラン・オ・ザローム・ドゥ・ショコラ
Biscuit coulant aux arômes de chocolat

直径 5.5cm×高さ 3.5cm のセルクル 12 個分　所要時間 3 時間　難易度★★★☆

〔ingrédients〕

ガナッシュ

生クリーム（42%）	130g
スイートチョコレート（カカオ分64%）*1	75g
ポマード状バター（→P136）	25g

ビスキュイ・ショコラ

スイートチョコレート（カカオ分64%）*1		220g
バター		100g
卵黄		80g
A	粉糖	110g
	アーモンドパウダー	80g
	コーンスターチ	80g
B	卵白	120g
	グラニュー糖	50g（25g+25g）

memo
*1　スイートチョコレートは、クーヴェルチュール・スーパー・ゲアキルを使っています。

〔préparation〕

（1）**ガナッシュ**用の型は、裏返したバットの底などにラップを敷き、木枠で 12.5cm×16.5cm×高さ 1cm の型を作り、冷凍庫で冷やす。

（2）**ガナッシュ、ビスキュイ・ショコラ**ともに、チョコレートは細かく刻む。

（3）**A** の粉類は合わせてふるう。

（4）セルクルの内側にバターを塗り、長さ 20cm×幅 5cm のクッキングペーパーを巻く。ベーキングシートを敷いた天板に並べる。

〔recette〕

ガナッシュ

ガナッシュを作る。

1　銅鍋に生クリームを入れて火にかけ、60〜70℃になったら、チョコレートを加え、ホイッパーで混ぜる。

2　チョコレートが溶けたら、ポマード状バターを数回に分けて加え混ぜる。

3　用意した型に流し、冷蔵庫で固める。直径4cmの丸抜き型で12個抜く。9個ほど抜いたら、残りは寄せ集めてだいたい直径4cmにまとめる。冷凍庫で冷やす。

ビスキュイ・ショコラ

ビスキュイ・ショコラを作る。

1　ボウルにチョコレート、バターを入れ、湯煎にかけて溶かし、約60℃に調整する。ほぐした卵黄を加える。

2　Aの粉類を加え、ホイッパーで円を描くように混ぜる。

3　Bでムラング・オルディネールを作る。深大ボウルに卵白、グラニュー糖25gを入れ、ハンドミキサー（ビーター2本）の速度3番で1分30秒、グラニュー糖25gを加えてさらに1分30秒泡立てる。

4　2に3のムラングを3〜4回に分けて加え、木べらで切るように混ぜる。

5　8割混ざったら次を加え、完全になめらかになるまで混ぜる。

6　口径10mmの丸口金をつけた絞り袋に5を入れ、セルクルの半分の高さまで絞り入れる。冷凍しておいた**ガナッシュ**を中央におく。

7　さらに5を9分目まで絞り入れ、冷凍庫で固める。
冷凍保存をするならこの状態で。5日間保存出来ます。

8　オーブンで焼く。
〔電子レンジオーブン：
下に天板を1枚入れ210℃で16分〕
〔ガスオーブン：190℃で16分〕
中心のガナッシュは少し凍らせておきます。これはガナッシュが遅れて熱くなるようにするためです。完全に凍らせた場合は、冷蔵庫に2時間ほど入れ、半解凍の状態にして焼きます。テーブルが回転しないオーブンの場合は、均一に焼けるように、必ず焼き時間の半分で天板の奥と手前を入れ替えます。

Column 7　大好きな食器のこと

お散歩、読書など、わずかな休日の過ごしかたはいろいろですが、いちばん好きなのは、やっぱり「食器」を見て歩くこと。今日はどんな器にこの料理を盛り付けようか、と考えるのも、料理の楽しみの一つですよね。洋食器で好きなのはシンプルなベルナルドとジノリ。今回の撮影でも、自宅の食器棚から選んだお気に入りの食器たちもところどころに登場させています。

シャンパングラス。ボヘミアングラスで、絵柄は手描き。対で、一回り小さいグラスとセットになっています。

お気に入りのジノリのお皿。何タイプか大きさの違うものを持っています。少し深さがあって大きなこのお皿は、我が家では、シチューやカレーなどを盛り付ける時に使っています。

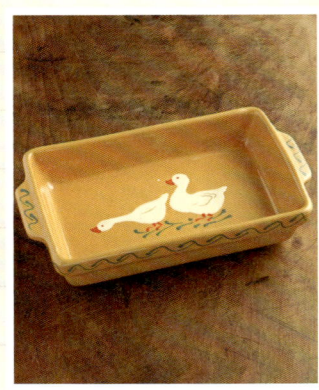

フランス旅行で買ったグラタン皿。お皿の真ん中にアヒルが2羽いるのが可愛いくて一目ぼれして買ったもの。じゃがいもとひき肉のグラタンに使いました。

ドレッシングやソースなどを入れるガラスのボウルとレードルは、ウィリアムズ・ソノマのもの。

スペインのおみやげでもらった絵付けの皿。気に入って使っているうちにいくつか欠けてしまったのが残念。大鉢はサラダ、小鉢はスープなどに使っています。

ルネ・ラリックのデザート皿です。台座が小鳥になっているのが可愛らしくて、買いました。

銀のデザート皿は今回トリュフをのせました。

上はベルナルド、下はイギリスのアンティークのお皿。こういうお皿にデザートを盛り付けると、ちょっと優雅な雰囲気になります。

よりおいしく作るために

Les techniques

ワンランク上の味を目指すためのフォンの作り方や、
魚のおろし方、鶏のさばき方、
フランス料理に使う材料・調味料の紹介などを取り上げています。
「もっともっと、フランス料理をきちんと作りたい」という方は、
ぜひこちらもじっくり読んでください。

フォン・ドゥ・ヴォライユ（鶏のフォン）
Fond de volaille

〔ingrédients〕

鶏ガラ	2kg
鶏の手羽先	2kg
仔牛の骨 *1	3.5kg
オックステール	1kg
水	18ℓ

A
にんじん（縦1/4くらいに切る）	375g
エシャロット（縦1/4くらいに切る）	50g
玉ねぎ	250g
クローブ	1粒
ポロねぎ	200g
セロリ	100g

B
黒こしょう（ホウル）※	小さじ1/4
コリアンダーシード※	小さじ1/4

※合わせてティーバッグに入れる

ブーケガルニ（→P136）	1束
ローリエ1/2枚、タイム1本、イタリアンパセリ5本で作る	
にんにく	25g
塩	54g

memo
*1 本来は、「仔牛の骨3.5kg、仔牛の足1本」が正式なルセットゥですが、仔牛の足が現在入手困難のため、上記の分量で代用しています。仔牛の足が手に入る場合は、水から火にかけ、沸騰してから約10分茹で、冷水にとって汚れを取っておきます。

〔préparation〕

（1）Aの野菜のうちにんじん、エシャロットをオリーブ油で炒める。玉ねぎはクローブを刺す。ポロねぎとセロリはそれぞれタコ糸で縛る。

〔recette〕

1　寸胴鍋に鶏ガラ、鶏の手羽先、仔牛の骨、オックステール、水を入れる。火にかけ、沸騰したらアクを取る。

2　A、B、ブーケガルニ、にんにく、塩を加え、まめにアクと脂を取りながら弱火で8時間煮込む。
フォンを成功させる秘訣は、アク抜きと浮き脂を取り除く作業を丹念に行うことです。

3　こし器でこす。氷水にあてて素早く冷ます。冷ます時も浮いてきた脂を取り除き、フォンの表面に脂の層を作らないようにする。

【用途】スープ、コンソメのジュレ、肉を煮る時の煮汁、ソースなど。
【保存法】1回分ずつの分量に分けて急速冷凍し、冷凍庫で約1ヶ月保存可能。

家庭で手軽に作れるフォン・ドゥ・ヴォライユ

本来、8時間ほど煮込むフォンですが、教室では家庭で作りやすいように、材料、時間などを簡略化したルセットゥも紹介しています。「簡単」とはいえ味は本格派。ドゥニさんもお墨付きの味です。

- 鶏ガラ　　　　　　　　　550g
- 鶏の手羽先　　　　　　　500g
- 水　　　　　　　　　　　3.5ℓ
- にんじん（1.5cm角に切る）　70g
- エシャロット（1.5cm角に切る）　45g
- 玉ねぎ　　　　　　　　　60g
- クローブ　　　　　　　　2コ
- ポロねぎ　　　　　　　　40g
- セロリ　　　　　　　　　30g
- A
（黒こしょう10粒、コリアンダーシード10粒。合わせてティーバッグに入れる）
- ブーケガルニ　　　　　　1束
（ローリエ1/6枚、タイム1本、イタリアンパセリ3本で作る）
- にんにく　　　　　　　　10g
- 固形ブイヨン　　　　　　1コ

① 野菜の下準備はフォン・ドゥ・ヴォライユ（→左記）同様。
② 寸胴鍋に鶏ガラ、鶏の手羽先、水を入れる。火にかけ、沸騰したらアクを取りながら強火で5分煮る。火を弱め、その他の材料をすべて加えてさらに1時間30分煮る。こし器でこす。

フォン・ドゥ・ヴォー（仔牛のフォン）
Fond de veau

〔ingrédients〕

仔牛のすじ肉 *1		650g
仔牛のくず肉 *1		500g
鶏の手羽先		650g
仔牛の骨		2.3kg
オックステール *2		1.2kg
水		12ℓ
A	にんじん 縦1/4ぐらいに切る	250g
	エシャロット 縦1/4ぐらいに切る	33g
	玉ねぎ	165g
	クローブ	2粒
	ポロねぎ	140g
	セロリ	115g
B	黒こしょう（ホウル）※	小さじ1/2
	コリアンダーシード※ ※合わせてティーバッグに入れる	小さじ1/2
ブーケガルニ（→P136） ローリエ1枚、タイム1本、 イタリアンパセリ10本で作る		1束
にんにく		17g
塩		36g

〔préparation〕

(1) P130「フォン・ドゥ・ヴォライユ」と同様にする。

(2) 仔牛の肉はタコ糸で縛る。

〔recette〕

1　寸胴鍋に仔牛のすじ肉、くず肉、鶏の手羽先、仔牛の骨、オックステール、水を入れる。火にかけ、沸騰したらアクを取る。

2　A、B、ブーケガルニ、にんにく、塩を加え、まめにアクと脂を取りながら弱火で8時間煮込む。

3　こし器でこす。氷水にあてて素早く冷ます。冷ます時も浮いてきた脂を取り除き、フォンの表面に脂の層を作らないようにする。

【用途】ソース、煮汁などに。材料を揃えるのが難しい場合は、材料や作り方を簡略化したP130「家庭で手軽に作れるフォン・ドゥ・ヴォライユ」で代用できます。
【保存法】P130「フォン・ドゥ・ヴォライユ」と同じ。

memo
*1 仔牛のすじ肉とくず肉はもも肉などで代用できます。

*2 本来は、「仔牛の足1/2本」が正式なルセットゥですが、仔牛の足が現在入手困難のため、オックステール（牛骨でも可）で代用しています。仔牛の足が手に入る場合は、水から火にかけ、沸騰してから約10分茹で、冷水にとって汚れを取っておきます。

ドゥミグラスのベースとなる
エストゥファドゥ
Fond brun dit estouffade

〔ingrédients〕

A	仔牛の骨	3.5kg
	牛骨	3.5kg
	鶏の手羽先	2kg
	牛すじ肉、くず肉	1kg
	オックステール *1	3kg
	牛もも肉	1kg
オリーブ油		適量
B	にんじん※	750g
	エシャロット※	100g
	玉ねぎ※	500g
	※すべて1.6〜1.7cm角に切る	
水		35ℓ
ポロねぎ		400g
セロリ		200g
にんにく		50g
ブーケガルニ（→P136）		1束
ローリエ2枚、タイム3本、イタリアンパセリ20本で作る		
トマトペースト		300g
塩		105g
C	クローブ※	2粒
	黒こしょう（ホウル）※	小さじ1
	コリアンダーシード※	小さじ1
	※合わせてティーバッグに入れる	
ナツメグ		少々

memo

* 本来は、「仔牛の足1本、オックステール1.5kg」が正式なルセットゥですが、仔牛の足が現在入手困難のため、オックステールの量を増やしています。仔牛の足が手に入る場合は、水から火にかけ、沸騰してから約10分茹で、冷水にとって汚れを取っておきます。

〔préparation〕

（1）牛もも肉はタコ糸で縛る。ポロねぎ、セロリもそれぞれタコ糸で縛る。

〔recette〕

1　**A**に少量のオリーブ油をかけ、300℃に熱したオーブンで焼く。脂を落としてしっかり焼き色をつけ、焼いた後、網の上でよく油をきる。天板の中の油を捨て、水（分量外）でデグラッセする。
仔牛と牛の骨は重ねないように入れて焼きましょう。

2　熱した鍋にオリーブ油を入れ、**B**の野菜を軽く焼き色がつくまで炒める。ザルにあけて油をきる。鍋は水（分量外）でデグラッセする。

3　寸胴鍋に1の仔牛の骨、牛骨、鶏の手羽先、牛すじ肉、くず肉、水、1・2のデグラッセした汁を入れる。火にかけ、沸騰したら弱火にし、アクを取りながら煮る。

4　2の野菜、ポロねぎ、セロリ、にんにく、ブーケガルニ、トマトペースト、塩、**C**を加え、弱火で2時間煮込む。

5　1のオックステールと牛もも肉、ナツメグを加え、まめにアクと脂を取りながら、弱火で7〜8時間ほど煮込む。鍋底や縁に付着した濃縮されたフォンを刷毛できれいにぬぐい取る。
オックステールは、味が出たら途中で取り出します。

6　こし器でこす。氷水にあてて素早く冷ます。冷ます時も浮いてきた脂を取り除き、フォンの表面に脂の層を作らないようにする。

ドゥミグラス
Demi - glace

〔ingrédients〕

エストゥファドゥ（→P132）	12ℓ
白ワイン *1	500g
赤ワイン *1	750g

memo
*1 白ワインはセパージュ、ソヴィニオンなどの辛口を、赤ワインはアルジェリア、ブルゴーニュ、ボルドーなどのしっかりした味のものを選んでください。

〔recette〕

1　エストゥファドゥを沸騰させ、アクを取りながら煮詰める。

2　白ワイン、赤ワインを加え、まめにアクを取り、鍋の縁についたソースを刷毛できれいに取りながら約半分になるまで煮詰める。
ドゥミグラスを用途に応じて煮詰める場合は、用途に適した厚みと高さのある鍋を使い、弱火で長く煮詰めるのがポイントです。

【用途】
ドゥミグラスはとても濃縮されたフォンで、少々酸味を出すために、エストゥファドゥに白ワインを加えたものです。イル・プルーでは、美しい琥珀色といい味を出すために赤ワインも加えます。
ドゥミグラスの濃縮度は使用目的によって変わります。蒸し煮のだし汁やフォンで使う場合は、ドゥミグラスを加えて煮込んでいくため、濃縮する必要はありません（濃縮しすぎると他の材料の味を隠してしまうため）。一方、ソース（マディラ、ボルドレーズ、ペリグーなど）やデグラッセに使う場合は、最終段階でドゥミグラスを加えるので、濃縮しておいた方がいい味が出ます。

【保存法】
P130「フォン・ドゥ・ヴォライユ」と同じ。
【缶詰を使う場合】
グラス・ドゥ・ビアン（缶詰）を水で薄めて使うことで代用できます。フォン・ドゥ・ヴォー（缶詰）も加えると、よりおいしくなります。

ブイヨン
bouillon

〔ingrédients〕

鶏ガラ		10羽
仔牛の骨		2kg
水		12ℓ
A	玉ねぎ※	450g
	にんじん※	250g
	セロリ※	150g
	ポロねぎ※	15cm 分
	エシャロット	120g
	※すべて1.5cm 角に切る	
B	クローブ※	3粒
	白・黒こしょう（ホウル）※	各10粒
	※合わせてティーバッグに入れる	
ブーケガルニ（→P136）		1束
ローリエ1枚、		
イタリアンパセリ5〜6本で作る		
塩		30g

〔recette〕

1　鶏ガラと仔牛の骨は水洗いする。鶏ガラは血合いを取り除く。寸胴鍋に入れて水を加え、火にかける。沸騰したら弱火にし、アクを取りながら煮る。

2　A、B、ブーケガルニ、塩を加え、フタをしないで2時間30分煮る。

3　骨を出来るだけ崩さないように気をつけながらこし器でこす。

【保存法】
P130「フォン・ドゥ・ヴォライユ」と同じ。

フュメ・ドゥ・ポワソン（魚のフュメ）
Fumet de poisson

[ingrédients]

魚介類（舌平目、えびの殻と頭、魚の骨と頭など）[*1]	5kg
澄ましバター（→P136）	50g
紫玉ねぎ[*2]　1.5cm角に切る	200g
エシャロット　1.5cm角に切る	200g
ポロねぎ（白い部分）　1.5cm角に切る	300g
マッシュルーム　縦半分に切り、2～3mmの薄切り	250g
フヌイユ（株部分のみ）　1.5cm角に切る	150g
白ワイン（辛口／サンセール）	1ℓ
水	7.5ℓ
塩	50g
ブーケガルニ（→P136）　ローリエ1枚、タイム2本、イタリアンパセリ15本、セルフィーユ10本で作る	1束
黒こしょう（ホゥル）　ティーバッグに入れる	小さじ1/2

memo
[*1] フォンを取る時は、数種類の魚介類を合わせて5kgを使います。

[*2] 紫玉ねぎは、手に入らなければ玉ねぎで代用できます。

[recette]

1　魚介類は内臓を出すなど下処理をし、粗く切る。ていねいに洗ったら、すぐ水気をきる。

2　寸胴鍋に澄ましバターを溶かし、紫玉ねぎ、エシャロット、ポロねぎ、マッシュルーム、フヌイユを色がつかないようにじっくり炒める。しんなりしたら、1の魚介類、白ワインを加える。ワインの酸味をとばすために、軽く沸騰した状態で5分煮続ける。

3　水、塩、ブーケガルニを加える。沸騰したら弱火にし、まめにアクを取りながら30～60分煮る。

4　火を止める10分前に黒こしょうを加える。濁らないようにアクと脂を取る。
フュメは味を保つため、フォンと同様、急速に冷まします。表面の脂分をよく取り除くことも大変重要です。

【用途】
フュメは、魚をベースにしたあらゆるソースの基本です。茹でる時、焼く時、ジュレを作る時など、いろいろな場面で使います。
【保存法】
P130「フォン・ドゥ・ヴォライユ」と同じ。
フュメはとても繊細なので、非常に短期間しか冷蔵保存できません（4℃以下で、2～3日）。小さな密閉容器に小分けして冷凍保存し、必要に応じて使います。
【缶詰を使う場合】
ハインツのフュメ・ドゥ・ポワソン（缶詰）と水を1：1で合わせたもので代用できます。

フォン・ドゥ・カナール（鴨のフォン）
Fond de canard

〔ingrédients〕

澄ましバター（→P136）		20g
鴨の骨		1羽分
白ワイン（辛口/サンセール）		200g
A	にんにく※	30g
	ポロねぎ※	100g
	セロリ※	40g
	※すべて1cm角に切る	
B	黒こしょう（ホウル）※	20粒
	コリアンダーシード※	40粒
	※合わせてティーバッグに入れる	
ブーケガルニ（→P136）		1束
ローリエ1/2枚、タイムの小枝4本、イタリアンパセリ4〜5本で作る		
塩		5g
ドゥミグラス（→P133）		1.2ℓ
トマトペースト		20g

〔recette〕

1　熱したフライパンに澄ましバターを溶かし、鴨の骨を強火で焼く。全面にキツネ色の焼き色がついたら網の上で油をきる。

2　フライパンの油をキッチンペーパーなどで取り、白ワインを分量から適量を加えてデグラッセする。

3　鍋に1の骨、2のデグラッセした汁、残りの白ワイン、A、B、ブーケガルニ、塩を入れ、骨がかぶるくらいの水（分量外）を加える。沸騰させて白ワインの酸味を抜く。

4　ドゥミグラスとトマトペーストを加えて沸騰させ、アクと脂を取り除きながら、弱火で1時間ほど煮る。

【用途】
本書ではP34「鴨のリエット」で使用しています。
【保存法】
すぐに冷まして冷凍保存する。約1ヶ月保存可能。

準備しておくと便利なこと

本書でよく登場する、共通のパーツ、下準備を紹介します。

◆ バターいろいろ　Beurre varié

バターは、固形の時と液体の時で性質が異なります。用途に応じて、必要な状態のバターを準備しましょう。

① ポマード状バター　Beurre en pommade

型に塗ったり、料理に照りを出す時に使います。

1　バターを厚さ約5mmに切り、ボウルに重ならないように入れて温かめのところ（40〜45℃）に30分〜1時間ほどおく。指が無理なく入るくらいの柔らかさが目安。

2　直径18cmのボウルに入れ、木べらまたはホイッパーでツヤのあるクリーミーな柔らかさにする。

② 溶かしバター　Beurre fondu

1　鍋にバターを入れて弱火にかけ、バターが溶けたらすぐに火からおろし、そのままほぼ常温に冷ます。

少量のバターを溶かす時は、湯煎ではなく、ガスの火やオーブンで溶かしても味わいに影響はありません。

③ 澄ましバター　Beurre clarifié

1　溶かしバターを作り、ボウルに移す。そのまま温かめのところ（40〜45℃）におく。3層に分離したら、冷蔵庫に入れて冷やし固める。一番上の黄色い層が「澄ましバター」。50gのバターから40gの澄ましバターが取れる。

普通のバターよりも焦げにくいので、ソテーなどに使われます。ラップで包み冷蔵庫で約1週間、冷凍庫で約1ヶ月保存可能。作るのが大変であればオリーブ油で代用できます。

◆ ブーケガルニ　Bouquet garni

フランス料理で、風味づくりに欠かせないハーブ類の束です。
煮込み料理などに使います。

1　ローリエ、タイム、イタリアンパセリなどのハーブ類を、長さ10cmほどに切ったポロねぎの青い部分で巻き、タコ糸で縛る。

ポロねぎの青い部分がなければ、ハーブ類をタコ糸で縛るだけでもよいです。

◆ トマトの湯むき　Épluchage de tomato

ラタトゥイユなど、トマトを使った料理によく登場する下準備です。

1　トマトはヘタをくり抜き、反対側に十字の切り目を入れる。

2　鍋に湯を沸かし、網杓子などの上にトマトをのせて数秒湯に浸け、氷水につけて冷やす。

薄皮がめくれてきたら、あとは簡単にむけますよ。

◆ ルー　　Roux

ルーは、ソースにとろみをつける「つなぎ」のようなもので、さまざまなソースに使われます。
ここでは作りやすい量を紹介します。冷やし固めたら小分けにし、冷凍庫で1〜2ヶ月保存できます。

出来上がり量　約180g

〔ingrédients〕

⇒ 15cm 片手鍋使用

バター	100g
強力粉	50g
薄力粉	50g

〔recette〕

1　熱した片手鍋にバターを溶かし、合わせてふるっておいた粉を加える。

2　弱火にし、色がつかないように気をつけながら火を入れる。木べらですくった時に、少しサラッとした感じが出ればよい。

3　火からおろし、ときどきホイッパーで混ぜて冷ます。容器に移し、冷蔵庫で冷やす。
混ぜずに冷ますと、上と下の層で状態が変わってしまうことがあります。

◆ マヨネーズ　　Mayonnaise

手作りのマヨネーズは思っているよりも簡単。一度作ったらそのおいしさにやみつきになりますよ。
所要時間は7〜8分。密閉出来るビンなどに入れ、冷蔵庫で約2週間保存できます。

出来上がり量　約240g

〔ingrédients〕

卵黄	42g (27g + 15g)
マスタード	10g
塩	1.7g
赤ワインビネガー	15g (5g + 5g + 5g)
油	176g

オリーブ油とピーナッツ油を1：1の割合で

〔recette〕

1　ガラスボウルに卵黄27gを入れ、ハンドミキサー（ビーター2本）の速度3番でよくほぐす（以降もずっと同じ速度）。マスタード、塩、赤ワインビネガー5gを加え、よく混ぜる。

2　油の1/3量を5〜6回に分けて加える。1回加えるごとに30〜40秒混ぜ、よく乳化させてから次を加える。ある程度しっかりした硬さ（ほぼマヨネーズに近い状態）になったら、赤ワインビネガー5gを加え、さらに混ぜる。
最初の油は入れすぎないように。ここできちんと乳化すれば、その後失敗することはありません。

3　油の1/3量を一度に加え、同様に混ぜる。硬さが出てきたら残りの赤ワインビネガー5gを加え混ぜる。さらに残りの油をすべて加え混ぜる。

4　卵黄15gを加え、同様に混ぜる。出来上がりは、十分もったりして軽く角が立つくらいの、かなり硬さがある状態。
日本の卵黄は味が平淡なので、最後にもう一度卵黄を加えて味わいを豊かにします。

よく登場する付け合わせ

本書でよく登場する、ベーシックな付け合わせの作り方を紹介します。

◆ ヌイユ（手打ちパスタ） Nouille

肉料理の付け合わせに使います。

〔ingrédients〕

ヌイユ

強力粉		200g
塩		4g
A	全卵	116g
	卵黄	32g
オリーブ油		20g

ヌイユを茹でる湯

湯	3ℓ
塩	30g

仕上げ

オリーブ油	適量

〔préparation〕

(1) のし台やめん棒は冷凍庫に入れるか、氷を入れたバットやビニール袋をのせてよく冷やす。のし台の下に敷くタオルも水を含ませ、軽く絞って冷凍庫で凍らせる（→P140「パータ・パテ」préparation (1)）。

〔recette〕

1　ボウルに強力粉、塩、**A**の卵液を入れ、手でよく練る。滑らかになったらオリーブ油を加え、さらに練る。

2　のし台に1をおく。手粉（分量外）を適宜ふり、めん棒でごく薄くのす。たたんで幅5mmくらいに切る。

3　塩を入れた湯が沸騰したら2をほぐしながら入れ、柔らかくなるまで4〜5分茹でる。ザルにあけて湯をきり、オリーブ油をふる。
茹でる湯は塩の量が大切です。塩が足りないと柔らかすぎる食感になります。茹でたらすぐに食べましょう。

◆ じゃがいものグラッセ　Pommes de terre glacées

フランス人はじゃがいもが大好き！
肉料理、魚料理、どちらにも万能な、じゃがいもの付け合わせです。

〔ingrédients〕

⇒ 15cm 片手鍋使用

じゃがいも（メークイン）	3コ
水	適量
塩	適量
バター	20g
サワークリーム	20g

〔recette〕

1　じゃがいもを縦4等分に切り、皮をむいてシャトー（→P145）に形を整える。

2　片手鍋に1、水、塩、バターを入れ、紙ブタをしてじゃがいもが柔らかくなるまで弱火で煮る。

3　紙ブタを外し、サワークリームを加え、2分煮る。

◆ ミニキャロットのグラッセ　Carottes glacées

こちらも肉料理、魚料理などによく使われる付け合せです。
ミニキャロットは、本来のにんじんの味に近く、繊維の入り方もよいのでお薦めです。

〔ingrédients〕

⇒ 15cm 片手鍋使用

ミニキャロット *1	14〜16本（正味150g）
湯	適量
フロマージュ・ブラン *2	12g
塩	適量

memo

*1　ミニキャロットは生で食べてみてパリンとした食感のあるものを選びます。

*2　フロマージュ・ブランは牛乳を固めただけのチーズ。固形ではなく、ヨーグルトに似ています。

〔recette〕

1　ミニキャロットは皮をむく。フロマージュ・ブランは少量の湯で溶く。

2　片手鍋にミニキャロット、ミニキャロットがかぶるくらいの湯を入れ、フロマージュ・ブラン、塩を加えて煮る。竹串がすっと通るくらいが煮上がりの目安。

パータ・パテ　　Pâte à paté

塩味のタルト生地「パータ・パテ」はキッシュを作る時に使います。
日本の素材で本場フランスと同じようなおいしさを作りあげるために、
フランスのルセットゥでは通常入らないアーモンドパウダーやエダムチーズを配合しています。
フードプロセッサーを利用する場合と、手で粉とバターを混ぜる場合の、2通りの作り方を紹介します。

[ingrédients]

直径18cmのフランキャヌレ型2台分
（1台につき270g使用）

A	水	65g
	グラニュー糖	10g
	チーズコンサントレ *1	30g
	塩	5g
B	薄力粉	125g
	強力粉	125g
	アーモンドパウダー	30g
	エダムチーズのすりおろし	25g
バター		120g
卵黄（塗り用）		適量

memo
*1　チーズコンサントレは手に入らなければ入れなくても構いません。

[préparation]

（1）のし台は冷凍庫に入れるか、氷を入れたバットやビニール袋をのせてよく冷やす。のし台の下に敷くタオルも水を含ませ、軽く絞って冷凍庫で凍らせる。
本書では長さ約55cm×幅32cm×厚さ5mmのアクリル板をのし台として使っています。

（2）Aを混ぜて溶かし、冷蔵庫で5℃に冷やす。

（3）Bの薄力粉と強力粉は合わせてふるう。アーモンドパウダー、エダムチーズを加え、手でよく混ぜ込み、冷凍庫でよく冷やす。直径30cmくらいのボウルを冷蔵庫でよく冷やす。手粉（分量外）も冷蔵庫に入れて冷やす。

（4）バターを厚さ3mmにスライスし、冷凍庫に5分くらい入れ、少し硬くする。

（5）型にポマード状バター（分量外・→P136）を少し多めに塗る。

（6）空焼きする時に重石が生地にはまり込むのを防ぐため、型の内側に敷く紙を用意する。型の直径より6cmほど大きい円形に紙を切る（ここでは直径18cmの型を使うので、直径24cmの円形に切る）、側面部分にハサミで切り込みを入れる。

[recette]

1　フードプロセッサーにB、バターを入れ、バターが1〜2mmの粒状になるまで回す。

2　冷やしておいたボウルに移し、Aの液を5〜6回に分けて刷毛で散らす。

3　Aの液を1回加えるたびに両手ですくい、指の間から揉み落とすようにして粉と水分をすり合わせる。全体的にサラサラとした砂のような状態になる。

4　生地を両手で強く握りながら、3〜4個のだんご状にまとめる。
最初から強く揉んで一つにまとめてしまうとグルテンが形成されて焼き縮みしやすく、硬い歯触りになってしまいます。強く練りすぎてグルテンが出てしまうのを防ぐために大切な工程です。

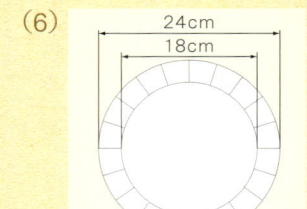

5　4をさらに1つにまとめ、白い粉が見えなくなって、軽くまとまるまで揉む。冷蔵庫で一晩寝かせる。

6　翌日、5を必要な量だけ切り分け、のし台に角が正面にくるようにおく。

7　めん棒で少し強めにたたきながらのばし、向きも変えながら（角は常に正面）均一でのばしやすい硬さにする。手粉（分量外）は適宜ふる。
生地は手で揉まないでください。手で揉むと、生地に硬いところと柔らかいところが出来てのばしにくくなります。

8　直径12～13cmほどになったら、厚さ3mmの板を生地の両端に置き、この上をめん棒で転がしながら直径24cmにのす。
この生地は硬めなので、力を入れてのしてください。めん棒を転がす手は、必ず両端においた板の上で動かすこと。手を板の内側におくとめん棒がたわみ、生地が薄くなりすぎることがありますので注意してください。

9　生地の表裏とのし台の粉を刷毛でよく払う。生地を裏返しにし、型にたるませながらかぶせる。

10　型の底角に合わせて生地を内側に折り、折り目を指で押して底にきっちり合わせる。次に内側に折った生地を立て、親指で生地を底角に送り込むようにしながら側面に貼りつける。

11　型にめん棒を転がし、余分な生地を落とす（またはプティクトーで切り落とす）。
必ず生地を作った翌日（長くても翌々日）に成形します。この状態でビニール袋に入れ、冷凍庫で10日間保存できます。冷凍した生地は、自然解凍してから焼成します。

12　敷き込み終わった状態。冷蔵庫で1時間以上寝かせる。

13　冷蔵庫から出してまだ生地が冷たくて硬いうちに、型の内側に紙を敷く。常温に戻す。

14　予熱した天板に13をおき、熱した重石を縁いっぱいまで入れる。

15　オーブンで空焼きする。
[電子レンジオーブン：230℃で20分]
[ガスオーブン：190℃で14分]
底の中央がキツネ色になるまで焼く。

16　オーブンから出し、重石を取り出す。刷毛で生地の内側にほぐした卵黄を塗る。再びオーブンに2～3分入れて乾燥させる。

フードプロセッサーを使用しない場合の作り方

※材料、分量は同じ
※バター以外の下準備は同じ

工程1～3を次のようにします。
① ぬれた布（デニム布など丈夫なもの）でバターを包み、めん棒でたたいて柔らかくする。
② 粉に①のバターを手で薄くちぎってのせ、完全に砂状になるまで両手ですり合わせる。
③ 冷やしておいた**A**の液を5回に分けて散らし入れ、ほぐしながら混ぜる。
④ 工程4からフードプロセッサーで作る場合と同じ。

二番生地の利用法

型に敷き込んだ後、切り取って残った生地は、新しい生地に折り込むことで、再生利用できます。

① 残った生地を冷蔵庫で冷やし固める。
② 新しい生地をたたいて、ある程度の大きさにしてから、古い生地をはさんで2つに折る。
③ 折った生地を少したたいてからのす。

パン・ドゥ・ミ
Pain de mie

上口 18.5cm×9.5cm、底寸 17.5cm×9cm、高さ 9cm の食パン型 2 台分（1 斤 530g）

パン・ドゥ・ミとは中身に柔かい部分が多いパンのこと。mie はフランス語でパンの中身のこと。イル・プルーのフランス料理教室では、必ずこのパン・ドゥ・ミを授業で教えています。日本でよく見られる、フワフワな食パンとは違い、イル・プルーの食パンは、フランス流の、粗く、ざらつきのある生地が特徴。ポイントは焼き色を十分につけること。焼き方が不十分だと、ただ柔らかいだけの歯にまとわりつくような食感になってしまいます。

〔ingrédients〕

A	強力粉	353g
	セーグル粉（ナチュラル）	161g
	セーグル粉（パワー）	24g
	ドライイースト	24g
	グラニュー糖	13g
	湯	240g
	ミルクパウダー	30g
	塩	13g
B	全卵	93g
	卵黄	29g
	バター	93g

〔préparation〕

（1）のし台は冷凍庫に入れるか、氷を入れたバットやビニール袋をのせてよく冷やす。のし台の下に敷くタオルも水を含ませ、軽く絞って冷凍庫で凍らせる（→ P140「パータ・パテ」préparation（1））。
本書では長さ約５５ｃｍ×幅３２ｃｍ×厚さ５ｍｍのアクリル板をのし台として使っています。

（2）**A**の粉は合わせてふるい、冷蔵庫で5℃に冷やす。

（3）手粉（分量外）は冷蔵庫に入れて冷やす。
セーグル粉（ナチュラル）を使います。

（4）食パン型に、ポマード状バター（分量外・→ P136）を刷毛で塗る。

[recette]

1 ドライイースト、グラニュー糖を40℃の湯で溶き、35℃～40℃の温かいところ（オーブンの上に置いたり、40℃の湯にあてるとよい）で5分ほど予備発酵させる。泡が浮き、表面が5mmほど浮き上がったら、5℃以下に急冷し、発酵を止める。

2 パンこね器に**A**の粉を入れ、ミルクパウダー、塩を加えて回し始める。

3 1のイースト液と**B**の卵液を合わせ、2に少しずつ加えていく。

4 こね器を回しながら、木べらの柄などで生地を突いてまんべんなくこねたり、手で生地を裏返したりする。一つにまとまってから6分回す。

5 バターを4回に分けて加える（照りが消えたら次を加える）。こね器を回しながら、生地を手で揉んだり、強く握りつぶしたり、2つにちぎったりしながら練る。バターをすべて加えて照りが消えたら、さらに5分、手で揉みながら練る。
パンこね器の中だけではしっかり生地が混ざらないので、手を使って生地をよく混ぜます。

6 ボウルに移し、乾いた布とビニール袋をかぶせて、室温15℃～20℃の涼しい所で20分ほど1次発酵させ1.5倍の大きさにする。

7 のし台に手粉をふり、6をのせて2つに分ける（1台分530g）。手のひらでたたきながら18×15cmにのばし、生地を向こう側から手前に1/4巻き、手のつけ根で軽くたたいてつける。

8 残りも1/4ずつ巻き、同様に手の付け根で軽くたたいてつける。巻き終わりを下にして型に入れる。こぶしで生地を押して生地を型の四隅に行き渡らせる。
四隅にしっかり生地を行き渡らせ、生地の中央よりも少し高くしておかないと、角がきれいに出ず、丸く焼きあがってしまいます。

9 フタは完全に閉めないで、5mmほどすき間をあけておく。約27℃のところで30～40分2次発酵させて、型の9分目まで膨らませる。

10 フタを閉め、オーブンで焼く。
[電子レンジオーブン：190℃で40分]
[ガスオーブン：170℃で20分→天板の奥と手前を入れ替えてさらに20分]
全体に濃いめの焼き色がつくまで焼く。フタを取ってみて、焼き色が十分でない場合はもう一度オーブンに入れて、十分に焼き色をつける。焼き上がったらすぐに型から出し、網の上で冷ます。

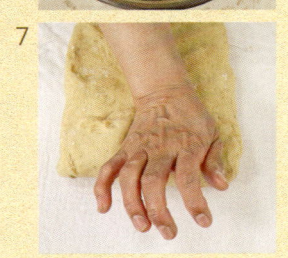

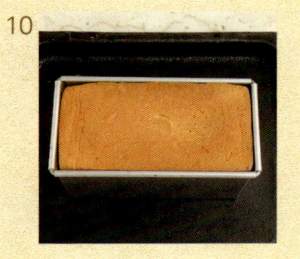

パン・ドゥ・ミを使って…

クルトン

丸いクルトンの場合
厚さ8mmにスライス。直径6cmの丸抜き型で抜いて、170℃のオーブンで15～20分焼き、カリカリにする。

三角のクルトンの場合
厚さ8mmにスライス。正方形のパン・ドゥ・ミを1/6くらいの大きさにカットし、さらにそれを対角線に半分に切って三角形にする。170℃のオーブンで15～20分焼き、カリカリにする。

パン粉

厚さ1cmにスライス。130℃くらいのオーブンで、中はまだ柔らかいくらいに乾燥させる。フードプロセッサーで挽き、粗めのザルでふるう。

魚のおろし方

「魚をおろすのは苦手」という人は魚屋さんでおろしてもらっても構いませんが、慣れたら難しいことなんてありません。この本では魚を丸ごと一尾使い、そのアラを利用してフォンを取る無駄のないルセットゥを作っていますから、ぜひ一度、魚をおろすところからチャレンジしてみてください。

3枚におろす

魚を3枚におろす方法です。おろす前に、うろこ引きや包丁で、尾から頭方向にこそげ取るようにして、うろこを取っておきましょう。

①頭の付け根に包丁を入れ、胸ビレを頭につけて切る。裏側も同様にし、頭を切り落とす。内臓を指で取り出し、しっかり洗って血とワタを取る。

＊骨が硬くて包丁で切り落とせない場合は、キッチンバサミを使ってもよいでしょう。

②背ビレの上に包丁を入れ、中骨の上を滑らせながら尾ビレの方まで刃をすすめる。

③腹ビレの上に包丁を入れ、尾ビレの方から頭に向かって刃をすすめる。

④尾から包丁を入れ、身を押さえながら、出来るだけ骨に身を残さないように中骨にぴったりと包丁を沿わせ、表身を切り離す。残りの半身も同様にし、もう1枚おろす。

5枚におろす

普通の魚は3枚におろしますが、カレイやヒラメなどの平たい白身の魚は5枚おろしにします。身を痛めずムダなく食べられるのが特徴です。おろす前に、魚の表裏ともに包丁でこそげてぬめりを取っておきましょう。

①腹を上にし、エラブタに包丁の刃先を入れてエラの付け根を外す。裏返し、同様にエラの付け根を外す。頭を落とし、内臓を手で取り除き、しっかり洗って血とワタを取る。

②背を上にし、背骨に沿って切れ目を入れ、続いてエンガワに沿って切れ目を入れる。包丁を寝かすようにして、中央の切れ目からエンガワまで、背骨に沿って包丁を斜めに入れて切る。これで背身が1枚取れる。

③魚の向きを反対にし、②と同様に中央の切れ目からエンガワまで、背骨に沿って同様に切る。これで背身の2枚目が取れる。魚を裏返し、同様にして5枚におろす。

④皮と身の間に包丁の刃裏をあて、スーッと皮を引いて身からはがす。

帆立貝をむく

慣れたら簡単にむけるようになりますが、慣れないうちは危ないので軍手などをはめて作業した方がよいでしょう。

①貝殻の茶色い方を上にして手のひらにのせ、殻と殻の間にナイフを差し込む。殻に沿ってナイフをすべらせるように小刻みに動かし、貝柱を殻からそぎ取る。
＊貝柱を途中で切らないように注意しましょう。

②きれいに貝柱が外れると、自然に貝殻の口が開く。

③同様にもう片方の貝殻も、殻に沿ってナイフを動かし、貝殻を殻から完全に切り離す。黒い部分（中腸腺・別名「ウロ」とも呼ばれる）は食べられないので捨てる。

野菜の切り方

フランス料理には、さまざまな切り方の呼び名があります。
本書では、ごく一部、基本的な切り方のものに限り、フランス語の切り方名を使っています。

ジュリエンヌ　julienne
「千切り」のこと。マッチ棒より細い棒状に切ったもの。じゃがいもなどによく使われる。

マセドワーヌ　macédoine
「さいの目切り」のこと。約1cm角、グリーンピースくらいの大きさの立方体に切ったもの。フルーツや野菜の切り方。

カルティエ　quartier
「くし切り」のこと。皮をむき、薄皮を残して果肉だけを切り出す。オレンジやレモンなどの切り方。

シャトー　château
5〜6cmくらいのフットボール状に切ったもの。châteauはシャトーブリアン（牛ひれ肉のステーキ）の付け合わせのじゃがいもの切り方にちなんでいる。

その他
参考までに、切り方にまつわるフランス語を紹介します。

○アッシェ　haché(e)
とても細かく切ったもの。「みじん切り」。

○アリュメット　allumette
マッチ棒の軸のように5mm角に切ったもの。

○エスカロップ　escalope
1cm前後の、やや厚めの薄切り肉。「エスカロップ・ドゥ・ヴォー」など、特に仔牛の薄切りに使う切り方。

○エマンセ　émincé(e)
薄切り。色々な食材、主に肉料理に使う切り方。エスカロップより薄め。

○シズレ　ciselé(e)
「千切り」または「みじん切り」。野菜に使われる。

○バトネ　bâtonnet
約5mm角、長さ4〜5cmの棒（バトン）状に切ったもの。

○ブリュノワーズ　brunoise
約5mm角に切ったもの。マセドワーヌよりも細かいさいの目切り。

○ペイザンヌ　paysanne
1〜2cm角の薄切りにしたもの。日本では色紙切りと呼ばれる。paysanneは「田舎風」の意味。

鶏のさばき方

普段は、部位別にカットされた鶏しか手にすることは無いと思いますが、教室では丸鶏を切り分けて使うことが多いです。ちょっとハードルが高そうに思うかもしれませんが、慣れてしまえば、1羽を切り分ける方がお得だし、無駄がありません。

鶏の部位は左図の通り。
A→下モモ
B→上モモ
C→手羽（手羽元、手羽先）
D、E→鶏ガラ
F→ムネ

①丸鶏を用意する。首の皮をめくり、鎖骨に沿って切り込みを入れ、鎖骨を引っ張って外しておく。

②ムネを上にして置き、片方のモモをゆっくり引っ張る。モモと胴の間で皮を切り、関節が見えるようにモモを持ち上げたら位置を確認し、関節のところで切り離す。もう一方も同様にする。

③切り離したモモは、さらに関節の中心で切り分ける。もう一方も同様にする。

④手羽を引っ張り、関節のところで切り離す。もう一方も同様にする。

⑤さらに手羽先の部分を切り落とす。

⑥ムネ肉の部分から、手羽元を切り離す。関節のところに切り込みを入れて手羽元を切り離す。もう一方も同様にする。

⑦手羽の関節とムネの間から包丁を突き刺して向こう側まで刃先を出し、そのまま背骨と平行に包丁を引き、ムネ肉を外す。
＊切りにくければキッチンバサミを使ってもよいです。

⑧ムネの中央に包丁を入れる。

⑩裏に返してキッチンバサミで切り分ける。

⑪さらに半分に切る。
＊七面鳥などの大きな鳥の場合は、4〜6等分にします。

⑫このように鶏をさばくと12切れになる。

鶏の縛り方

フランス料理の上級編には欠かせない丸鶏の縛り方をご紹介します。用意するのはしっかりしたタコ糸と、鶏を縛る長い針（ブリデ針と呼ばれる専用の針があります）。本書では、P76「パンタード・ノエル」で使っているテクニックです。

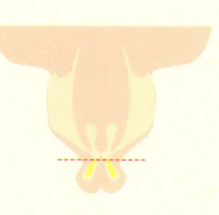

①首の付け根にあるVの形の骨を取り（→P146「鶏のさばき方」工程①参照）、ボン（尻）を切り落す。

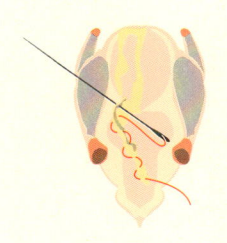

②鶏はムネを上にして置き、詰め物をしたら、針にタコ糸を通し、10cmほど糸を残して尻の開いた口を縫い、口の両脇を近づける。

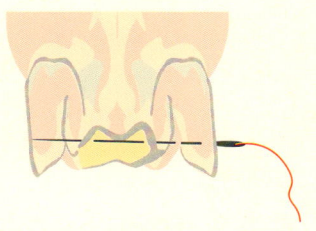

③次はムネを下にして、首と手羽を縛る。糸を60cmほど取って針に通し、手羽先を折りたたみ、首の皮をくぼみの上に折り返す。片方の羽から針を刺し、折りたたんだ皮を通って反対側に針を出す。

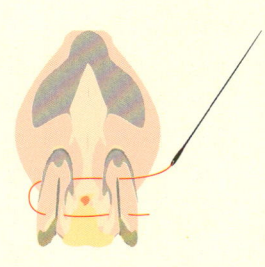

④手羽の関節を縛る。続いて手羽の関節の近くから針を刺し、胴体を通して反対側の羽へ出す。糸は15cmほど残す。

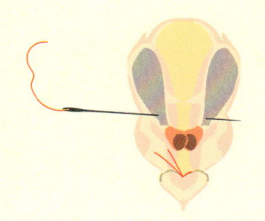

⑤モモを縛る。鶏を返して再びムネを上に向ける。モモの上の方から針を刺し、胴体を通して反対側のモモまで出す。

⑥紐を結ぶ。針から糸を抜き、糸が出ているほうを上にして、鶏を横に倒す。手羽のところできつく糸を縛って引っ張り、しっかりと結び目を作る。糸はギリギリに切る。

フランス料理に使う道具など

イル・プルーでは、なるべく家庭で使っているキッチン道具で作れるように、あまり特別な道具は使っていません。
でもフランスに行った際などに道具専門店に行ったりすると、ついつい衝動買いしたくなりますね。
皆さんも自分に合ったキッチン道具を選んでみてください。

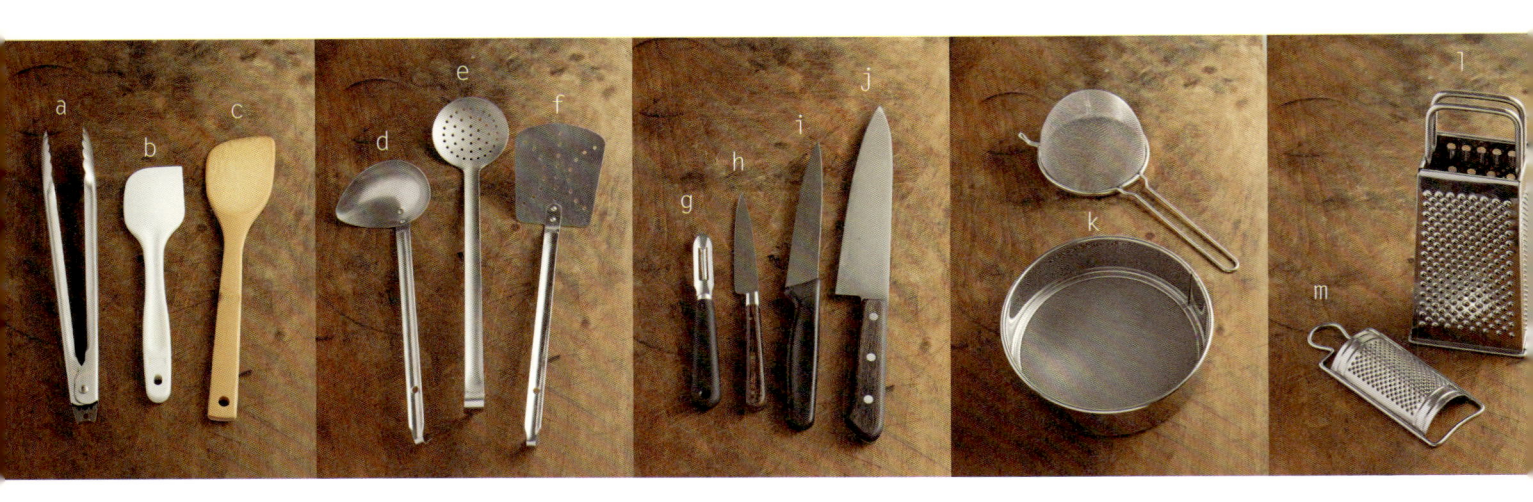

調理中に使う道具

a トング
肉を焼く時などに重宝します。

b 耐熱性ゴムべら
フライパンや鍋でも使える耐熱性ゴムべらは、あると便利です。

c 料理用木べら
炒め物をする時、デグラッセする時などに使います。

d 横口レードル
注ぎやすい横口タイプは、ソースを食材にかける時などに重宝します。

e エキュモワール（網杓子）
フランス製。アクをすくう時などに。

f フライ返し
ソテーした肉や魚を返す時などに。

切る道具いろいろ

g エコノム
フランス製の皮むき器。じゃがいもの皮などをむく時に。

h プティクトー（ペティナイフ）
果物など小さいものを切る時に使います。

i フィッシュナイフ
刃が薄く、魚を切る時など細かい作業をする際に便利です。ビクトリノックス社製。

j 牛刀
本来は肉用ですが、家庭では魚や野菜を切る時にも重宝します。

その他あると便利なもの

k こし器
大きいもの、小さいもの、目の細かいもの、粗いものと、いくつかあると便利です。

l・m チーズおろし
l は4面使えて、細かいすりおろし、細長いシュレッド状などにおろせます。m はホウルのナツメグをおろす時に。使うたびにおろすと香りが格段に違います。

お菓子作りに使うもの

n クレープパン
直径18cm。鉄製。クレープが薄くきれいに焼けます。

o 木べら
混ぜる時に使います。先が細めのタイプが使いやすいです。
（大）長さ25cm、（小）長さ20cm

p ゴムべら
ボウルについた生地やクリームを払う時、無駄なく移す時に使います。ゴム部分が硬めのもの、柔らかめのもの、大小サイズを揃えておくと便利です。

q パレットナイフ
生地やクリームを平らにならす時に使います。クレープの焼いた生地を返す時にも重宝します。
（大）長さ36cm、（小）長さ28cm

r ホイッパー
混ぜる時に使います。ワイヤーがしっかりした握りやすいものを選びます。
（大）長さ24cm、（小）長さ21cm

s 深大ボウル
比較的多い量をハンドミキサーで泡立てる時に使います。深めで側面が底に対して垂直に近いものが、ビーターとボウルの間にすき間ができず、効率よく泡立てることができます。
直径20cm×高さ10cm

t 手つき中ボウル
比較的少ない量をハンドミキサーで泡立てる時に使います。
直径14cm×高さ8cm

u ハンドミキサー
速度が3段階（低速・中速・高速）で、ビーターが2本セット出来るものを使います。ビーターは先が広がっている形の方がよく泡立ちます。

a

b

c

a

d

g

j

b

e

h

c

f

i

k

150

フランス料理に使う材料・調味料

フランス料理では、調味料などもおいしいものを選ぶことで、味がぐんと本格的になります。
ここではイル・プルーの授業でも使っている、よく使う素材、調味料をご紹介します。
フランスのものも、今では日本で手に入りやすくなっていますし、
イル・プルーが独自で輸入しているフランス、スペインの素材もあります。

塩 sel

ブルターニュ地方の海塩「セル・マラン・ド・ゲランド」を使っています。太陽と風の力だけで乾燥させた、海のミネラルを豊富に含んだ塩は、塩辛くなく、素材の味を引き出す旨味をもっています。用途に応じて細かい塩、粗塩、フルール・ドゥ・セルを使い分けます。

a 粗塩 sel gris gros
フォンを取る時や野菜や肉を煮込む時に。深い旨味を与えてくれます。

b フルール・ドゥ・セル fleur de sel
塩田の水面に最初に浮かぶ結晶を丁寧に手摘みした最高品質の塩。仕上げなどに使います。「塩の花」の意。

c 塩 sel gris fin
粗塩を細かくしたもの。味を調えたり、ドレッシングなどに使います。

香辛料 épice

味に奥行き、深みを出す香辛料は、上手に使いましょう。

a 白こしょう
上品な香りが特徴。白身魚や鶏肉などの淡泊な素材に合います。色の淡いホワイト系のソースやポタージュなどに加える場合、色を汚さない白こしょうを使います。

b 黒こしょう
独特の強い風味があり、一般的に肉料理によく使います。ホウルをその都度ミルで挽いて使う方が、風味がよいです。

※ルセットゥ上で「こしょう」とだけ表記されている場合は、上記の白こしょう、黒こしょうの同割ミックスです。

c キャトルエピス
黒こしょう、シナモン、クローブ、ナツメグなど4種類の香辛料をミックスした、フランスではベーシックなスパイス。

d カレー粉
インデラ・カレー（→P13）を使っています。

e コリアンダーシード
セリ科の香辛料。ほのかに柑橘系の香りがして、甘みもあります。

f クミンシード
香りが強く、料理に風味をもたらします。

g アニスシード
魚や肉のスープ、煮込みなどによく使われます。

h サフランパウダー
アヤメ科の多年草で、ブイヤベースやパエリアに欠かせない香辛料です。

i カイエンヌペッパー
赤く熟したトウガラシ（カイエン種）の実を乾燥させた香辛料。暗赤色から鮮紅色をしており、強い辛味があります。

j クローブ
丁字のこと。肉や野菜の臭みを消し、風味をつける時に使います。玉ねぎや肉などに刺して使う場合も。

k ナツメグ
ニクズク科の常緑高木。独特の香りがあり、肉料理などと相性がよいです。ホウルで買って使うたびにおろして使いましょう。

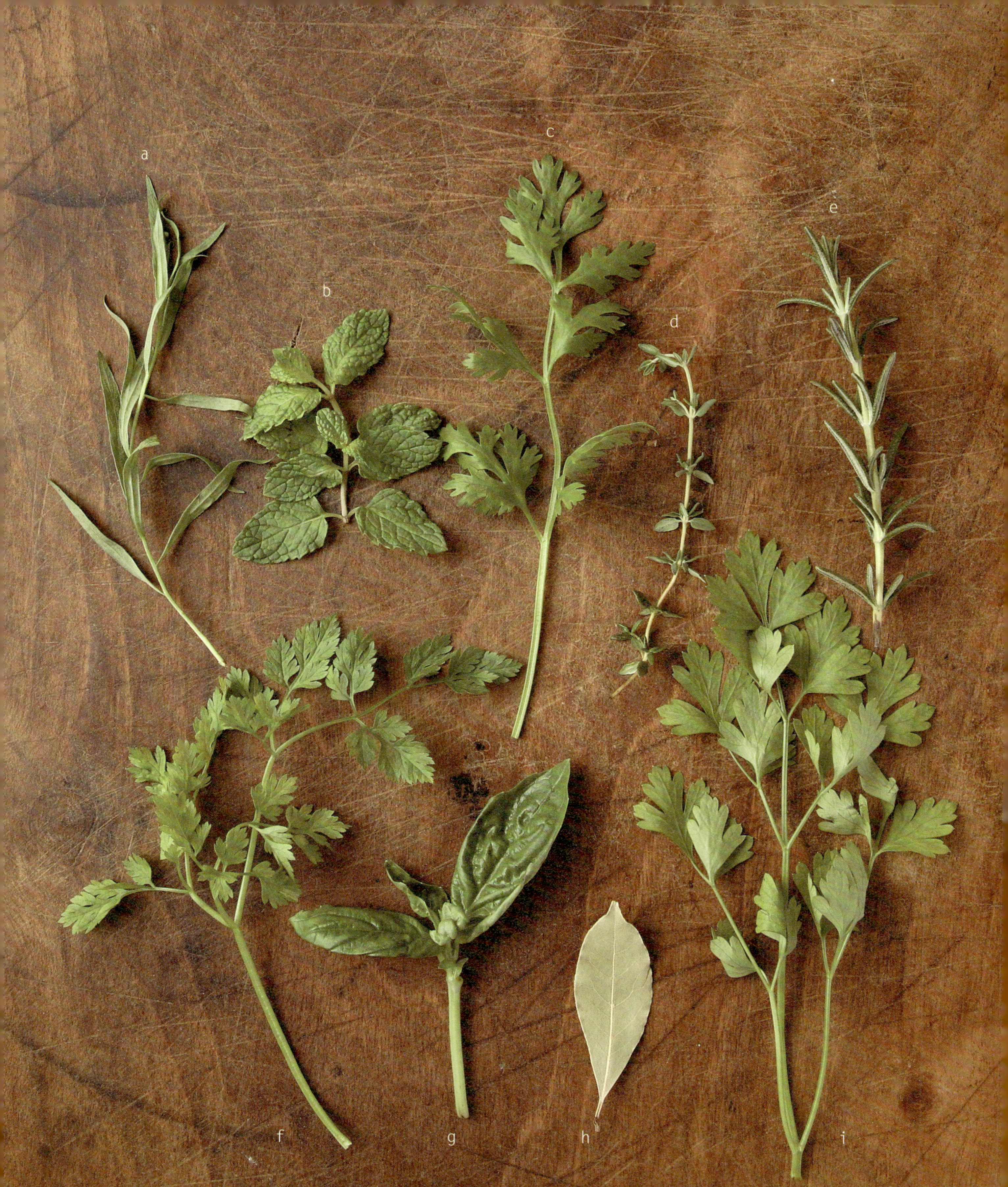
a
b
c
d
e
f
g
h
i

ハーブ類　herbes

フランス料理の味わいに欠かせないハーブ類。新鮮で香りのよいものを選びましょう。ベランダなどで育てて、必要な分を摘んで使えば経済的です。

- a **エストラゴン**
  キク科の多年草。英名タラゴン。フランス料理の三大ハーブの一つ。甲殻類、貝類、鶏肉などと相性がよく、香りづけに使います。

- b **スペアミント**
  マイルドな清涼感とほのかな甘みが特徴。仔羊肉など臭みのある肉の下処理などにも使います。

- c **コリアンダー**
  地中海東部原産。東南アジアの料理で「香菜」「パクチー」としても知られるハーブです。強い香りが特徴です。種(コリアンダーシード)も香辛料として使われます。

- d **タイム**
  地中海沿岸原産。シソ科。肉、魚料理との相性がよく、煮込み料理など長時間加熱する料理にも使われます。

- e **ローズマリー**
  地中海沿岸原産。シソ科。羊料理などの肉の臭み消しにも最適です。

- f **セルフィーユ**
  西アジア原産。セリ科。英名チャービル。アニスに似た上品で甘い香りが特徴で、フランス料理に欠かせないハーブの一つ。

- g **バジル**
  シソ科。強い香りと殺菌効果があります。トマトやにんにくを使った料理と相性がよいです。

- h **ローリエ**
  月桂樹の葉。英名ベイ・リーフ。ポトフなどの煮込み、フォンなどにも使う他、肉や魚の臭み消しにも。

- i **イタリアンパセリ**
  通常のパセリより風味、香りが柔らか。飾り付けや、刻んでソースやドレッシングに使います。

イルプルー流材料
produits à la façon de "il pleut"

イル・プルーならではの、特徴的なこだわりの材料を紹介します。

- a **ケイパーベリー**
  スペイン産。ケイパーの実の酢漬け。枝付き。ベア社製。

- b **セーグル粉(パワー)**
  鳥越製粉のライ麦粉・胚芽入りの粗挽き。パン・ドゥ・ミを作る時に使用。しっかりした風味が出ます。

- c **ミルクパウダー**
  フランス産。乳脂肪分26%の全脂粉乳。味わいにコクが出ます。レジレ社製。

- d **セーグル粉(ナチュラル)**
  鳥越製粉のライ麦粉・中挽き。通常肉や魚のソテーの時は小麦粉をつけますが、セーグル粉を使う方が、粉の味わいが深いので、よりおいしくなります。

- e **オリーブ**
  スペイン産。ブラックまたはグリーンオリーブ。ニース風サラダや鶏のバスク風煮込みなどに。ベア社製。

乳製品　produits laitiers

a　サワークリーム
牛乳や生クリームを使う料理（グラタンやキッシュなど）に、さらにコクを出すために使います。中沢乳業製。

b　バター
フランスでは通常料理に使うのは無塩バター。ですからイル・プルーの教室でも、お菓子と同様、明治の発酵バター（無塩）を使っています。明治乳業製。

c　生クリーム
料理では乳脂肪分48％（または47％）と35％を、お菓子は42％を使用しています。タカナシ乳業製。

d　クレーム・ドゥーブル
フランスのクレーム・ドゥーブルは乳脂肪分40％以下の濃いクリームのこと。ドゥニさんのルセットゥで、35％の生クリームを使う場合、味わいを増すためにクレーム・ドゥーブルも使います。タカナシ乳業製。

e　エダムチーズ
オランダ北部、エダム地方原産のハードタイプのチーズ。赤いワックスは取り除いて使います。すりおろして使うと香ばしくコクのある味わいになります。

f　グリュイエールチーズ
スイス、グリュイエール地方原産のハードタイプのチーズ。フランス料理ではグラタンやキッシュなどに。

g　パルメザンチーズ
イタリアを代表するチーズの一つ。すりおろし、仕上げにふりかけるなどして使います。

オイル、ビネガー、ワイン等　huile, vinaigre, vin

a　バルサミコ酢
北イタリア、モデナ地方のバルサミコ酢を使用。いくつか試した中で、きちんと風味や味わいが感じられました。

b　白ワイン
料理によって使い分けますが、甘口はリープフラウエンミルヒ（ドイツ産）やソーテルヌ、辛口はサンセールを使っています。

c　赤ワイン
煮込みや漬け込みには、しっかりした味のものを。

d　ピーナッツ油
過度に精製されていないものを選ぶようにしてください。アングリア社製。

e　オリーブ油
エクストラヴァージンのオリーブ油を使っています。明るい黄色でスペイン産のものがおすすめです。ベア社製。

f　シェリー酒ビネガー
無添加のものを選びましょう。赤ワインビネガーよりもさらに酸味が優しいです。ベア社製。

g　赤ワインビネガー
無添加で、力強い香りと穏やかな酸味のあるものを選びましょう。ベア社製。

ベース＆ソース fond et sauce etc...

a トマトケチャップ
トマト本来の旨みと甘みがいかされた、濃厚な味わいのケチャップです。ハインツ社製。

b トマト水煮
日本のトマトは酸味が強すぎる場合が多いので、なるべくヨーロッパ産のトマト水煮缶を使いましょう。スピガドーロ社製。

c トマトペースト
メーカーによって味わいに濃淡があります。教室では業務用のスピガドーロを使っています。最近はインターネット通販などでも手に入れやすくなりました。スピガドーロ社製。

d ウスターソース
食品添加物無添加。野菜、果実や香辛料等を豊富に使用した贅沢なソースです。風味豊かで深いコクがあります。高級スーパーで手に入ります。ブルドック社製。

e 固形ブイヨン
煮込み料理の下味などに。海外旅行に行った時にはぜひ現地のものを買ってみてください。同じブランドでも日本のものより味がしっかりしていておいしいです。ネスレ社製。

f ソース・アメリカン
新鮮な伊勢えびが主原料の、バターをふんだんに使ったコクのあるソース。魚料理などに。ハインツ社製。

g グラス・ドゥ・ビアン
肉や野菜から取った旨味をベースとしたもの。料理の下味として加えることでしっかりした味に仕上がります。簡易ドゥミグラスを作る時にも使えます。ハインツ社製。

h フュメ・ドゥ・ポワソン
魚料理を作る時に使う、魚のアラから抽出したベース。手軽なフュメを作る時にも。ハインツ社製。

i ディジョンマスタード
粒なし。上品な風味のマスタード。ステーキなどの肉料理やポトフに、フライなどのつなぎ代わりに、ドレッシングのソースにと使い勝手がよいです。マイユ社製。

イル・プルーの直輸入材料カタログ

オランジュ 40°
（ルゴル社）700ml・30ml
アルガス地方で作られた香り高いオレンジのリキュール。アルコール度数40度。

フィーヌ・ドゥ・ブルゴーニュ
（テブノ社）700ml
一度搾った白ワインの粕を発酵、蒸留させたマール酒。アルコール度数44度。

カルバドス
（サセベ社）700ml
ノルマンディ地方のりんごの蒸留酒。アルコール度数40度。

アプリコットリキュール
（ジョアネ社）700ml
コート＝ドールの大地と太陽の恵みが溶け合った味わい。アルコール度数18度。

レストルネル エクストラ・ヴァージン・オリーブオイル
（ベア社）500ml
手作業で抽出したオリーブ油。JAS有機農産物加工食品認定商品。スペイン産。

赤ワインビネガー
（ベア社）375ml
無添加完全自然農法により、力強い香りと穏やかな酸味が特徴。スペイン産。

シェリー酒ビネガー
（ベア社）375ml
芳醇なナッツやフルーツのような香りが特徴。スペイン産。

レストルネル マンザニーラ・オリーブ
（緑／大粒）
（ベア社）360g
大粒のグリーンオリーブ。サラダなどに使用。スペイン産。

レストルネル ケイパーベリー
（ベア社）355g
枝付きのケイパーの酢漬け。スペイン産。

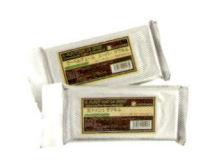

アメール・オール ガナッシュ・ゲアキル
（ペック社）各1kg・200g
カカオ分66％のスイートチョコレートと、カカオ分55％のガナッシュ用スイートチョコレート。フランス産。

パータ・グラッセ・ブリュンヌ
（ペック社）5kg・200g
温度調節なしできれいに固まり、艶も出る上がけ用チョコレート。

カカオ・パウダー
（ペック社）1kg・200g
深いロースト色で粒子が細かい、深い香りと味わいのココア。

ナチュラルコンパウンド〔オレンジ、アプリコット〕
（セバロム社）各1kg・100g
天然の濃縮果物から抽出。加えることで印象的な味や香りに。フランス産。

バニラビーンズ
（セバロム社）2本入り
豊かで途切れのない香りが特徴。マダガスカル産。

バニラエッセンス
（セバロム社）25g
バニラビーンズから抽出した一番搾りのエッセンス。

ミルクパウダー
（レジレ社）1kg
乳脂肪分26％。コクのある味わいの全脂粉乳。フランス産。

冷蔵フルーツピューレ〔フランボワーズ、アプリコット〕
（アプチュニオン社）各1kg
力強い味わいのピューレ。10％加糖。フランス産。

アーモンドパウダー
（アリクサ社）2kg・200g
日本国内で独自に挽いた粗挽き（粉末）。2kgはマルコナ種、200gは3種類のブレンドを使用。

ご注文・お問合せ

イル・プルーの直輸入材料は、直営店「エピスリー」または通販にてお買い求めいただけます。

★直営店「**エピスリー代官山ショップ**」（→ P159）

★インターネット通販「**エピスリー楽天ショップ**」
　パソコン　http://www.rakuten.co.jp/ilpleut
　携帯　　　http://m.rakuten.co.jp/ilpleut

※カタログのご請求は営業部（→ P159）まで。

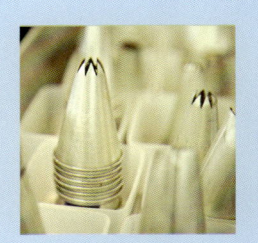

イル・プルー・シュル・ラ・セーヌのご案内
IL PLEUT SUR LA SEINE

一人の菓子屋が始めた「セーヌ河に雨が降る」という名前の、
パティスリー イル・プルー・シュル・ラ・セーヌが誕生してから、
20年余の歳月が流れました。

日本でフランスと同じ味わいのフランス菓子を作りたい――。その思いのもと、
イル・プルーでは、「作る」「教える」「素材の開拓」「伝える」という、
4つの大きな柱を軸に、常に嘘偽りない、
心と身体のための本当のおいしさを追究しています。

作る
パティスリー
イル・プルー・シュル・ラ・セーヌ

孤高のフランス菓子を作り続ける、
イル・プルーの顔。

1986年12月にお店を始めて以来、「フランスとは風土も素材も異なる日本で、多様性・多重性にあふれるフランス菓子を作る」という弓田亨の強い信念のもと、真の味わいのフランス菓子を作り続けてきました。どのお菓子も、時代に流されない「孤高のおいしさ」を追究しています。
店内は、本場フランスのパティスリー同様、季節ごとのオリジナルのアントルメ、定番のフランス菓子、プティショコラ、ヴィエノワズリー、焼き菓子、トレトゥール（お惣菜）などの他、フランスの行事に合わせた伝統的なお菓子なども大切に作り続けています。また、本当においしい状態で食べていただくため、お菓子を食べる温度にもこだわっています。そのため店内でしかご提供できないお菓子もございます。ぜひ一度、足をお運びください。

マスコミにも多数掲載されているヒット商品「塩味のクッキー」や、五彩のダックワーズ、パウンドケーキ、天然素材で作ったマカロンなど、代官山の手土産として人気のギフト商品も多数取り揃えています。

教える
嘘と迷信のない
フランス菓子・料理教室

オーナーパティシエ弓田亨が自ら指導。
パティスリーの味を自分の手で再現できます。

1988年開講以来、生徒さんとの実践の中で少量のためのお菓子作りの技術を築いてきました。パティスリーに並んでいるのと同じ本格的なフランス菓子が家庭で作れる、唯一の教室と自負しています。半年もすると、イル・プルーのお菓子と自分が作ったお菓子以外は食べられなくなってしまうほどです。またほとんど初心者だった方が確かな技術に自信を持ち、2～3年後にお店を出す、そんなことも可能にする教室です。

実演と実習を交互に行う授業スタイル。実習中はテーブルを回って細かく指導。

通年クラス

フランス菓子本科第1クール
1回の授業で2～3台のアントルメをお一人で1台ずつお作りいただきます。

入門速成科
誰でも簡単にショートケーキやモンブランが作れるよう指導します。

フランス料理
手間を惜しまない、本格的なフランス料理が学べます。

特別講習会

弓田亨 新作菓子発表会「イル・プルーの一年」
ドゥニ・リュッフェル氏
「フランス菓子・料理技術講習会」毎年夏開催

単発講習会

マカロン講習会、シフォンケーキ講習会、ごはんとおかずのルネサンス講習会　他

この他にも体験レッスン、無料見学などあり。
お気軽に教室（TEL **03-3476-5196**）までお問合せください。

素材の開拓

製菓材料輸入販売／営業部

フランス菓子の味わいを知り尽くした菓子職人が選びぬいた、
こだわりの素材を世界からお届けします。
本物だけがもつしっかりした味と香りは、お菓子の味を一段と引き立てます。

> 十数年前、一介のパティシエが、フランスと同じ品質、おいしさの素材を使って、この日本で本当においしいフランス菓子を作りたい一心で、製菓材料の輸入販売を始めました。以来、フランス、スペインを中心に、常に自分なりの"フランス的な味わい"を執拗に追求し、パティシエ人生のすべての知識と経験、執念でもって探した素材はどれも抜きん出た味わいであると自負しています。菓子屋が、鋭い菓子屋の視点で集めた菓子の素材屋として、一人でも多くのパティシエの皆様に知っていただき、味わいを追求するための良心の糧にしてほしいと考えています。
>
> 弓田亨

＊左記商品はほんの一例です。この他ドライフルーツ、ピューレ、エッセンス等多数ございます。

チョコレート（フランス・ベック社）
アーモンド（スペイン・アリクサ社）
リキュール（フランス・ルゴル社、ジョアネ社、テブノ社 他）

エピスリー
イル・プルー・シュル・ラ・セーヌ

心と身体がよろこぶ、本当のおいしさに、
直接見て、触れて、試せる、こだわりの製菓材料店。

2009年秋に恵比寿から代官山の教室内に移転。これまで以上に、パティスリー、教室と連動し、本当においしい素材を手にとって確かめて購入できる店として再スタートしました。
イル・プルーのお菓子作りに必要な、弓田亨が厳選して集めた秀逸な素材を実際に手に取り、確かめて購入できる他、弓田亨が近年力を入れている日本の家庭料理「ごはんとおかずのルネサンス」関連の材料なども取り揃えております。
イル・プルーのお菓子作り、ルネサンスごはんに精通したスタッフが、丁寧に応対いたします。ぜひ一度お立ち寄りください。

伝える

お菓子屋さんが出版社！／出版部

プロ、プロ志向、お菓子作りが好きな方々のために、本当においしく作れる本格フランス菓子・料理本の企画・編集・出版を手がけています。

各 種 お 問 合 せ 先

お菓子のことなら・・・
パティスリー
TEL　03-3476-5211
FAX　03-3476-5212
営業時間　11：30-19：30
　　　　火曜休（祝日の場合は翌日振替）
☆ギフトのご注文はネットからも承ります。

講習会のことなら・・・
教室
TEL　03-3476-5196
FAX　03-3476-5197
☆単発講習会などのお申込みは
　ネットからも承ります。

材料のことなら・・・
エピスリー
TEL　03-3476-5160
営業時間　11：30-19：30
　　　　火曜休（祝日の場合は翌日振替）
インターネット通販
エピスリー楽天ショップ OPEN
http://www.rakuten.co.jp/ilpleut

☆ご注文、カタログのご請求、お問合せは
　下記の営業部 TEL、FAX へ。

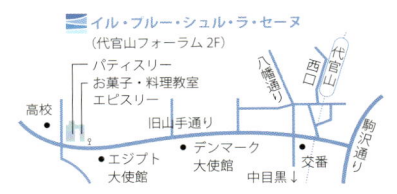

イル・ブルー・シュル・ラ・セーヌ
（代官山フォーラム 2F）

〒 150-0033
東京都渋谷区猿楽町 17-16
代官山フォーラム 2F
アクセス　東急東横線「代官山」駅下車、
　　　　徒歩5分
　　　　東急バス・トランセ
　　　　「代官山フォーラム前」下車、すぐ。

プロ向け製菓材料のことなら・・・
営業部
TEL　03-3476-5195
FAX　03-3476-3772

書籍のことなら・・・
出版部
TEL　03-3476-5214
FAX　03-3476-3772
E-mail　edition@ilpleut.co.jp
☆全国書店にてお買い求めいただけます。

すべての詳細は
http://www.ilpleut.co.jp

Profil
椎名 眞知子
Machiko Shiina

山梨県甲府市生まれ。小さい頃から菓子・料理作りに興味を抱き、短大卒業後、料理学校へ。主婦として、母として、家庭のために料理をブラッシュアップ。その後、弓田亨のフランス菓子と出会い、イル・プルーのフランス菓子教室1期生として学ぶ。1995年より教室スタッフとなり、ドゥニ・リュッフェル氏がオーナーのパリ「パティスリー・ミエ」他で研修。現在は教室主任として、明るい笑顔で日々やさしいルセットゥ作りに取り組み、弓田亨はじめスタッフ、生徒たちから絶大な信頼を得る"イル・プルーの柱"的な存在。近著に『一年中いつでもおいしい いろんな冷たいデザート』『イル・プルーのパウンドケーキ おいしさ変幻自在』などがある。

Staff

撮影　　浅山美鈴
ブックデザイン＆イラスト　　小林直子（umlaut）
調理アシスタント　　櫻井愛、齊藤望、相羽智加、長澤若葉
編集　　中村方映
編集協力　　工藤和子
校正　　横山せつ子

嘘と迷信のないフランス料理教室
ちょっと正しく頑張れば
こんなにおいしいフランスの家庭料理
──ドゥニさんと築いた真の味わい──

2009年10月20日初版発行

著者　　椎名眞知子
発行人　　弓田亨
発行所　　株式会社イル・プルー・シュル・ラ・セーヌ企画
　　　　〒150-0033
　　　　東京都渋谷区猿楽町17-16　代官山フォーラム2F
　　　　http://www.ilpleut.co.jp

印刷・製本　　大日本印刷株式会社

書籍に関するお問い合わせは出版部まで
　　〒150-0021
　　東京都渋谷区恵比寿西1-16-8　彰和ビル2F
　　Tel 03-3476-5214　Fax 03-3476-3772
　　E-mail　edition@ilpleut.co.jp

※定価はカバーに表示してあります。
※本書の内容を無断で転載・複製することを禁じます。
※落丁・乱丁本はお取り換えいたします。
Copyright© 2009　Il Pleut Sur La Seine Kikaku., Co.,Ltd.
Printed in Japan
ISBN 978-4-901490-23-8